# 金融デジタライゼーションのすべて

DXに臨む金融業界のテクノロジーと実践

株式会社日本総合研究所
先端技術ラボ

Ridgelinez 株式会社
Financial Services

［編著］

Digital Transformation

一般社団法人 **金融財政事情研究会**

# はじめに

　昨今、あらゆる業界で“デジタル化”や“デジタル・トランスフォーメーション”といったキーワードが叫ばれるようになって久しい。デジタル・トランスフォーメーションについては、多くの識者によって議論されているが、クラウドやAI（人工知能）、IoT（Internet of Things）などに代表される、近年、進展が目覚ましいデジタル・テクノロジー（先端テクノロジー）を駆使して、社会やビジネスのあり方を変革し、新たな価値を提供するものとされている。デジタル・トランスフォーメーションは、これからのビジネス活動の成否を握るものといわれ、2010年代半ばより注目されることとなった。金融業界では、“FinTech”と呼ばれる金融サービスとデジタル・テクノロジー（先端テクノロジー）の融合がこのデジタル・トランスフォーメーションの文脈に該当するといえる。

　事実、金融サービスはここ数年で大きく変化した。現在では多くの人々がスマートフォン上でインターネットバンキングのサービスにアクセスし、感度の高い利用者はモバイルでの家計・財務管理サービスやAIによる自動資産運用サービスであるロボアドバイザーといったサービスを利用するに至っている。こうした背景には、金融機関自身がそのサービスの付加価値向上に対して積極的に取り組んだことも大きいが、FinTechに代表されるデジタル化の波が金融業界に押し寄せたことも要因として見逃せない。2000年代後半より欧米では、PayPalやSquare、そしてLending Clubといった新興企業が顧客向けに利便性の高いサービスを提供し、若年層を中心に多くの支持を集めた。

　金融機関もこの流れに追随し、そのサービスの高度化に努めたのである。しかし、こうした動きをもって、金融機関におけるデジタル・トランスフォーメーションが完了したととらえるのは早計であろう。近年では、FinTech企業のサービスもさることながら、Google、Amazon、Facebook、

Appleといった米国発の巨大なサービス事業者、いわゆるデジタル・プラットフォーマーが金融サービスを提供し、多くの支持を集めつつある。金融機関は、デジタル化に伴いこれらFinTech企業や巨大企業とそのサービス提供をめぐって競争を常に強いられる環境にあるといっても過言ではない。

その頭文字からGAFAと呼ばれるこれら企業群は、2000年代半ばよりインターネット上で多くの利用者を集め、急成長を果たした。Googleの検索サービス、Facebookによるソーシャルネットワーキングサービス（SNS）、AmazonのEC（オンライン商取引）事業、そしてAppleのスマートフォン事業と、GAFAは、それぞれが中心的な事業領域を形成し、数億人にも及ぶ膨大な顧客基盤を有している。GAFAでは、これら中心事業において獲得した顧客に対して、その周辺事業のサービスを次々に提供していくなかで利用者の囲い込みを図っていく。これらサービスを利用する利用者からさまざまな情報を収集、活用することでより一層サービスの利便性向上を図ることが可能となっている。GAFAは、伝統的に金融サービスを有力な周辺事業として位置づけ、積極的にサービス提供を行ってきた。近年ではAppleによる決済サービスの提供やGoogleによる預金サービスの提供（予定）など、GAFAが提供する金融サービスは多岐にわたる。

金融機関におけるデジタル・トランスフォーメーションが道半ばであるといえるのは、これらGAFAといったデジタル・プラットフォーマーが積極的に金融業界へと進出しているなか、新たな金融機関の姿を描き出す必要性があるためである。プラットフォーマーによる金融業界への進出は何も欧米に限った話ではない。すでに中国ではAlibaba、Baidu、Tencentといった企業群がさまざまな金融サービスを提供しており、東南アジアにおいてもGrabやGojekといった新興企業が多くの金融サービスを提供している。日本においても、Yahoo! Japanを擁するZホールディングス、同ホールディングスと経営統合を予定するLINEは、両者ともにこれまで多くの金融サービスを提供してきている。こうした各地域のデジタル・プラットフォーマーが自社サービスの利用者に対して利便性の高い金融サービスを提供するなか、既存

の金融機関は利用者にどのような価値を提供していくのかが問われている。

　金融機関は、伝統的に情報通信技術の活用に積極的な業界であり、すでに1950年代には情報処理システムを導入し、業務効率化に活用してきた。2010年代にあってもAIやブロックチェーンといった先端技術を活用して、そのサービスの高度化や業務革新に努めている。近年では、AIを活用することで、インターネットを介した応対であっても対面での接客と変わらない顧客体験を提供する事例や、ブロックチェーンを活用することで新たなグローバル決済ネットワークを構築しようとする動きなども見られつつある。こうした金融機関による先端技術の積極的な活用は、利用者一人ひとりの金融サービス体験を大きく向上させ、新たな価値の提供に寄与するものであろう。

　本書は、株式会社日本総合研究所ならびにRidgelinez株式会社に在籍する研究員、コンサルタントが実施してきた金融テクノロジーに関する共同研究が発端となっている。両者は、今後の金融業界のあり方、特にテクノロジーが大きく変容させつつある業界環境を見据え、2017年より最先端のテクノロジートレンドならびにそれらが金融業界に与える影響についての共同研究を実施してきた。業界を横断して進行するトレンドであるデジタル化の背景と金融業界に与える影響を明らかにするとともに、こうした動きに対して金融機関として今後どのように取り組んでいくべきか、その方向性について、先端技術の概要ならびにそれらを活用した金融機関による先端的なユースケースから示したものである。

　本邦金融機関においては、長期化する低金利政策や足下の経済状況の悪化、新規参入に伴う競争環境の激変に伴い、資金収益を中核とする本業において、従来の延長線上で持続可能な成長戦略を描くことがむずかしくなっている。近年では、地域金融機関を中心に再編・統合が進み、大手金融機関にあっても店舗の統廃合や人員整理といった事業の再編・整理が行われている。このような環境下であるからこそ、デジタル・トランスフォーメーションに伴う既存事業の劇的な生産性の向上やデジタル・テクノロジー（先端テクノロジー）を活用した事業構造そのものの変革を通じた新たな収益源の確

保といった取組みが切に求められている。

　巷間、デジタル化やデジタル・トランスフォーメーションをテーマとした書籍が店頭に多数並び、またAIやブロックチェーンといった先端技術に関する専門的な解説書もここ数年で一気に充実した。本書では、金融業界を切り口としてデジタル化と先端技術の両者を扱うこととした。単にデジタル化といったトレンド論やAIといった先端技術の解説にとどまらず、これらの動きがどのように金融機関の実際のサービスに影響しているかを豊富な事例から解き明かすことを目指している。このため、IoTや量子コンピュータといった最先端の事象を扱いつつも初学者がその本質を理解できるよう、平易な表現で解説することに努めている。

　願わくは、本書が、"デジタル化対応"といった喫緊の課題を抱える金融機関の企画当事者のみならず、金融機関関係者、さらには金融機関と協業して新たな金融サービスを生み出そうとするシステム会社やベンチャー企業など多くの方々の手にとられ、今後の示唆となることを期待してやまない。

　2020年12月

執筆者一同

# CONTENTS

## 第3章 　金融×IT活用のトレンド

〈本書の留意事項〉
① わかりやすさを優先したために、一部省略・簡略化した表現を用いています。
② 意見に当たる部分は執筆者個人の見解であり、株式会社日本総合研究所および Ridgelinez株式会社を代表するものではありません。
③ 一般的な知識を説明したものであり、特定の商品・サービスなどの勧誘を目的とするものではありません。
④ 本書は、2020年8月時点までの各種情報に基づき執筆しています。

第 **1** 章

# デジタル化の
# 急速な進展と金融業界

# 01 デジタル金融を取り巻く社会・経済の変化

## 1.1 産業構造の変化と企業活動のデジタル化

　国際通貨基金（IMF）の分析によれば、現状の世界経済は米中における貿易摩擦や英国の欧州連合離脱（Brexit）をめぐる懸念などの政治的な不透明感により低迷し、不安定さを増している。加えて、2020年に入り、新型コロナウイルスの世界的な感染拡大の影響により、今後も、世界各国において経済活動が停滞し、このような不透明、不安定な状況は持続していくものと懸念される。

　困難な環境にあって、デジタル・テクノロジーは既存産業の生産性を劇的に向上させるとともに、ビジネスモデル革新や新たなビジネスの創造を通じて今後の経済成長のドライバーとなることが期待されている。

　そうしたなかで、国内における既存ビジネスの高度化ならびに新ビジネスの創造に向けた課題として認識されているのが、情報システムのモダナイゼーション（現代化）である。いわゆる "2025年の崖" といわれるこの問題は、2018年に経済産業省が取りまとめた報告書において発表され、企業がデジタル・トランスフォーメーションを推進するにあたっての重大な課題であるとされた。同報告書によれば、国内企業の既存システムの多くは事業部門ごとに構築、カスタマイズされてきたため、その詳細を外部からは知ることができない "ブラックボックス" と化したレガシーシステムであり、デジタル・トランスフォーメーションの推進において必須となるデータ利活用に適さない状態にあるという。

　また、これらシステムの維持管理にかかる費用が高額化していることも問

▶ 図表1−1　2025年の崖

| レガシーシステムを抱える企業の割合（2018年時点） | 予想されるIT人材の不足（2025年予測） | 企業のIT予算に占めるシステム維持・運営費の割合（2025年予測） |
|---|---|---|
| 約8割 | 約43万人 | 90% |

**2025年以降、最大12兆円／年の経済損失が生じる可能性（2025年の崖）**

（出所）　経済産業省「DXレポート」よりRidgelinez作成

題であり、実際、情報システムに関する予算の9割が今後、既存システムの維持・管理に充てられるという。加えて、IT人材の不足も深刻であり、2025年には実に43万人もの人材が不足するとされている。これら3点が2025年の崖問題の趣旨であり、もしこの問題が放置されれば、2025年以降、毎年12兆円の経済損失が見込まれるとされる（図表1−1）。

## 1.2　消費者・家計を取り巻く状況変化

　消費者・家計の状況をみると、世界的には人口の増加が続いており、グローバルでは若年層が未踏の市場機会としてとらえられている。

　わが国においては少子高齢化が進展し、短期的には金融資産の多い高齢層の増加に伴う資産運用、相続・資産承継などのビジネスの伸長が期待されるが、長期的には人口減少により家計における金融取引の持続的な減少が予想される。一方、訪日外国人や、生産年齢人口の不足を補うための居住外国人の増加に伴い外国人の金融取引は増加する可能性がある。

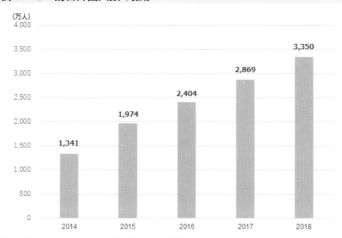

（万人）

（出所）　法務省および日本政府観光局公表統計値、JTBプレスリリースよりRidgelinez作成

　近年の訪日外国人（インバウンド）の増加ならびに在留外国人の増加は特筆すべきものがある。2008年当時、日本に訪れる訪日外国人の数はおよそ835万人であった。その10年後、2018年には訪日外国人が初の3,000万人超えを果たす。わずか10年あまりで訪日外国人数は、3.5倍にまで拡大したのである（**図表1－2**）。

　加えて、移民自体の増加もまた大きな潮流となりつつある。日本における在留外国人数は増加の一途をたどっており、2018年末には273万人を超えるまでに増加した。少し古いデータとなるがOECD（経済協力開発機構）による調査では、2015年における移民受入上位国はドイツ、米国、英国、日本と続いており、統計上、日本は2010年代半ばから「移民受入大国」として機能している。こうした現象は、日本だけでなく国際的なトレンドでもある。国際的な移民の数はこの10年間で2億5,800万人にまで増加し、日本だけでなく世界的に活発化している（**図表1－3**）。

▶ 図表1-3　国籍別在留外国人数の推移

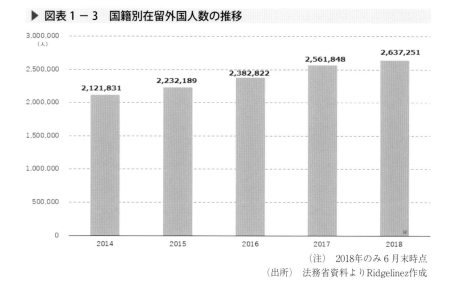

（注）　2018年のみ6月末時点
（出所）　法務省資料よりRidgelinez作成

## 1.3　シェアリングエコノミーの拡大と働き方の変容

　デジタル・テクノロジーの進歩に伴い、現代社会における経済活動そのものも大きく変容しつつある。その最たる例が、UberやAirbnbに代表されるシェアリングエコノミーの拡大であろう。不特定多数の個人がサービスの提供者、利用者となるシェアリングエコノミーの世界では、両者を取り持つプラットフォーマーが必然的に力をもつ。この際、重要となるのが両者から得られるデータの活用である。

　具体的にはUberのような配車サービスにおいては、「利用者がどこにいる」といった地理データから、そのドライバーの評判までさまざまなデータを収集し、AIを活用して利用者とドライバーをマッチングさせることにより、誰しもが必要なタイミングで最適なサービスを利用できる。

　シェアリングエコノミーの市場規模は今後とも拡大していくことが予想され、世界経済フォーラムの試算によれば、2025年には世界で約73兆円にまで

拡大するとみられている。

　一方、シェアリングエコノミーの拡大を受けて、雇用形態そのものが変化していくと予想されており、今後は、特定の雇用主をもたないフリーランス／ギグワーカーといった働き方が一般化する可能性がある。

　ギグワーカーとは、特定の事業主と長期・継続的な雇用関係をもたず、主にインターネット上のプラットフォームを介して単発で仕事を請け負う雇用形態のことを指す（音楽のライブなどで1回限りの演奏を行うことを指す「ギグ」が由来とされる）。前述の配車サービスのドライバーや民泊サービスの提供者もこの範疇に含まれる。グローバルでフリーランサー向けプラットフォームを提供するUpworkの試算によれば、米国では2019年時点で約5,900万人がフリーランス／ギグワーカーとして働き、2027年には正規雇用者の数を逆転するとされる。こうしたフリーランス／ギグワーカーは、配車サービスや民泊サービスを提供する人々に加えて、プログラマーなどの高度な技能を要する職種においても拡大していくことが予想される。日本においてもこうした雇用形態で働く人々の数は増加しており、2019年現在では1,000万人を数えるまでに成長した（**図表1−4**）。

▶ **図表1−4　増加するギグワーカー**

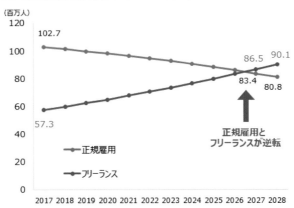

（出所）　EDELMAN INTELLIGENCE調査レポートよりRidgelinez作成

| 1.4 | 社会課題の解決を目指した新たな経済活動の興隆 |

　テクノロジーを活用した新たな経済活動は、グローバルで進行する環境問題や貧困問題の解決に向けた取組みにも寄与する。IMFによれば、1980年代以降グローバルで所得格差は拡大傾向にあり、その主要因はテクノロジーの進歩にあるとされる。デジタル・テクノロジーを駆使できる高スキルな労働者ほどより良い賃金を獲得する一方、こうした機会に恵まれない低スキル労働者との差は拡大する。

　貧困問題の解決にあたっては、従来よりこれらの階層に属する人々に対してさまざまな援助がなされてきたが、近年では、これら階層に属する人々を市場機会としてとらえ、ビジネスとしてサービスを提供する動きが活発化している。一人当りの年間所得が3,000ドル以下にある人々をBOP（Base of the Pyramid）層と定義し、彼らを経済活動へと組み込む動きをインクルーシブエコノミーと呼ぶ。BOP層に属する人々はグローバルで約40億人（世界人口の約7割程度）存在するとされ、一人当りの経済規模は小さくとも、全体の経済規模は巨大なものとなる。BOP層に対して事業活動を実施するためにはテクノロジーの活用が不可欠となる。

　加えて、グローバルでは金融サービスにアクセスできないunbankedと呼ばれる階層に属する人々が現在、17億人にのぼるとされている。お金を貯める、お金を借りるといった基本的な金融サービスにアクセスできない人々は、必然的にその日常における経済活動も限られたものとなる。これらの人々は、現金を中心としたその日暮らしの生活を行う人々が多くなり、将来に向けた計画的な貯蓄や急な出費に対応した資金援助を受ける機会が奪われるおそれがある。デジタル・テクノロジーの活用は、これらunbankedに属する人々に金融サービスへのアクセスの機会を提供する。

　たとえば、スマートフォンといったデバイスを活用することで預金や送金といったサービスを低コストで提供することが可能となるほか、スマート

フォンから収集されるデータを活用することでより良い条件の与信を供与することができるなど、デジタル・テクノロジーの活用がもたらす恩恵は計り知れない。デジタル通貨Libraもまた、その主目的は、これら新興国・途上国の人々に金融サービスへのアクセスの機会を提供するものであると謳っている。

　また、2000年代よりグローバルな社会課題として環境保護に対する意識が高まっている。これに伴い、経済もまた持続可能な成長が可能な形態へと変化していくことが求められている。こうした要請に応えるようにして誕生しているのがサーキュラーエコノミーである。サーキュラーエコノミーはわが国のデジタル時代における新たな社会のあり方である「Society 5.0」においては「循環型経済」と称されるが、そのなかにおいても主要議題として掲げられる（**図表 1 - 5**）。

▶ **図表 1 - 5　Society 5.0**

（出所）　内閣府ホームページより

▶ 図表1－6　デジタル化に伴う新たな経済活動

**シェアリングエコノミー**

• デジタル・プラットフォーム上で人々が資産やスキルを提供・利用

**インクルーシブエコノミー**

• 貧困層をビジネスのバリューチェーンに組み込み、成長を図る

**サーキュラーエコノミー**

• 廃棄された製品や原材料を新たな資源と捉え、廃棄ゼロを目指して資源を循環させる

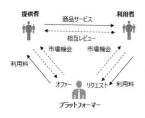

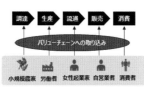

（出所）　Ridgelinez作成

　今後は、新興国の急速な経済発展に伴い、世界的に資源制約が発生することが懸念され、限られた資源を有効に活用し、社会全体で効率的に分配することが求められる（**図表1－6**）。

# 02 デジタル化に伴う海外金融プレイヤーの動向

　前述したように社会・経済構造の変化は、金融サービスのあり方を大きく変化させつつある。2000年代後半から、その変化を巧みにとらえ、利便性の高いサービス提供を積極的に主導したのはFinTech企業と呼ばれる主に金融系のスタートアップなどであった。しかし、金融危機が収れんし、FinTech企業によるサービス攻勢が一段落をした頃から金融機関もテクノロジーを活用したサービスの提供を積極的に推し進める。現在では、これらFinTech企業、金融機関に加えてGAFAに代表されるデジタル・プラットフォーマーも自社のプラットフォームを活用した金融サービス提供に余念がない。

　以下では、デジタル化時代を迎えてFinTech企業、金融機関、そしてGAFAなどのデジタル・プラットフォーマーがどのように金融サービス提供を行っているのかを概観する。

## 2.1　FinTech企業の興隆

　"Silicon Valley is Coming"（シリコンバレーがやってくる）。これはかつてJPMorgan ChaseのCEOであるJamie Dimon氏が株主への手紙において記された言葉である。この手紙は2015年4月に書かれたが、当時はまさにFinTech企業が日の出の勢いで数多く誕生し、FinTech企業の提供する送金・決済サービスは金融機関のものよりも顧客に支持される状況にあった。FinTech企業が2010年代に入って急速に浸透し、顧客の支持を集めた背景には、社会・経済的な側面と技術的な側面が影響している。FinTech企業はその大半が2000年代後半の世界的な景気後退局面、いわゆる"リーマンショック"前後に誕生している。当時は、"Occupy Wallstreet"に代表されるよう

に、世界的に既存金融機関に対する風当たりが強く、若年層を中心に既存の金融サービスを拒絶する動きが生じていた。一方、2000年代後半から始まったデジタル・テクノロジーの急速な進歩は、異業種企業やスタートアップが金融サービスに参入する障壁を大きく引き下げた。クラウドコンピューティングの活用や、スマートフォンといった新たなデバイスの登場により、金融サービスの提供にあたり、必ずしも大規模なシステム投資や店舗網の整備を必要としなくなったのである。

このような環境変化を市場機会ととらえ、業績悪化に伴い大手金融機関を離れた多くの人々がFinTech企業を立ち上げ、そのサービスの高度化に貢献した。加えてベンチャーキャピタルも景気後退局面において投資先が減少するなか、数少ない有望な投資先として大量の資金供給を行ったのである。このように2010年代に入ってFinTechが大きな注目を集めた背景にはさまざまな要因が偶然にも結びついたことが大きい。それでは、2020年現在、FinTechの領域ではどのような変化が生じているのであろうか？

### 2.1.1　欧米FinTechスタートアップの動向

端的にいうと、FinTech自体は引き続き世界中の投資家や金融機関から注目を集め、その市場規模は順調に拡大している。米国のリサーチ会社であるCB Insightsの調査によれば、FinTech領域への資金調達額は2019年累計で約3,450億ドルに達する。2017年は累計で約1,859億ドル、2018年は約4,083億ドルであり、業界として順調に拡大していることがうかがえる。

2010年前後に誕生した多くの有力FinTechスタートアップもこの間、順調な発展を遂げている。米国ではPayPalやSquare、英国ではTransferWiseといった多くの有力FinTechスタートアップは、その後も多くの投資を呼び込み、その一部はIPOを果たしてスタートアップを"卒業"している。また、英国においては、金融規制当局が既存金融機関に対抗してデジタル銀行を育成することを目的に銀行設立にあたっての資本要件を緩和した。これに伴

い、同国では2010年代後半にRevolutやMonzoといったデジタル銀行、すなわちチャレンジャーバンクが数多く誕生しており、既存金融機関から顧客を獲得するに至っている。

　世界中のFinTech関連企業をその技術性、獲得ユーザー数、資金調達数等から評価してランクづけを行う「FINTECH 100」（コンサルティング会社であるKPMG発行）においては、米英ともに多くの企業が選出されている。前述のチャレンジャーバンクに加えて、送金・決済や資産運用等、特定領域のサービスにフォーカスしたスタートアップが多く選出される。背景として、欧米のFinTechスタートアップは、金融機関に対抗して顧客を獲得するために、特定領域に特化してそのUI/UXを高度化し、顧客にとって利便性の高いサービスを提供してきたことがあげられる。しかしながら、ユーザー向けにサービス提供を行う多くのFinTechスタートアップは、その膨大なユーザー数と比較して収益性が低いことが課題となっており、チャレンジャーバンクの多くもこれに当てはまる。

　一方、米英の大手金融機関は、この数年間でテクノロジー活用に向けて積極的な投資を行い、短期間で多くのエンジニアを雇用するなど急速にテクノロジー活用に向けた体制を構築した。こうした要因からFinTechスタートアップにおいても、顧客に直接、サービスを提供するのではなく、金融機関に対してサービスを提供する、いわばテクノロジープロバイダーといった形態のFinTechスタートアップも数多く見受けられる。

### 2.1.2　急成長するアジアのFinTech

　前述のFINTECH100において上位にランクインされているFinTech企業の多くは、いまやアジアのスタートアップである。かつては、米シリコンバレーや、英ロンドンなど資本や人材が世界中から集まる地域が中心であったが、現在では多くのユーザーが獲得できる地域、かつ比較的金融に関する規制が緩やかな地域ほど有力なFinTech企業が誕生する土壌となりつつある。

▶ 図表 1 － 7　FINTECH 100（2019年）

| 順位 | 会社名 | 国 | 概要 |
|---|---|---|---|
| 1 | Ant Financial | 中国 | モバイル決済サービス、金融機関向けの金融機能提供 |
| 2 | Grab | シンガポール | モバイル決済サービス、ライドシェアドライバー／ユーザー向け金融サービス |
| 3 | JD Digits | 中国 | ビッグデータ活用による与信商品提供 |
| 4 | GoJek | インドネシア | モバイル決済サービス、ライドシェアドライバー／ユーザー向け金融サービス |
| 5 | Paytm | インド | 3億人の利用者、800万の加盟店を持つインド最大のデジタル決済サービス |
| 6 | Du Xiaoman Financial | 中国 | AI、ビッグデータによる与信 |
| 7 | Compass | 米国 | 不動産売買プラットフォーム |
| 8 | Ola | インド | インドの大手タクシー事業者、モバイル決済アプリを提供 |
| 9 | Opendoor | 米国 | 不動産売買プラットフォーム、IoTを活用した不動産のセルフ内見 |
| 10 | OakNorth | 英国 | AI・ビッグデータを用いた中小企業融資プラットフォームの提供 |

（出所）　KPMG「2019 FINTECH 100　Leading　Innovators」レポートよりRidgelinez作成

FINTECH100においてここ数年、1位の座に君臨するのは世界最大のユーザー数を誇るモバイル決済サービスAlipayを提供するAnt Financialであり、2位以下にはJD FinancialやTencentなど中国において多くのユーザーを獲得したFinTechサービスを提供する企業が並ぶ。このほか、GrabやGojekといったライドシェアサービスを提供する東南アジアの企業なども選出されており、全体的にアジアの企業が欧米のFinTechスタートアップよりも多く選出される傾向にある（図表1－7）。

## 2.2　デジタル・テクノロジー活用が進む金融機関

"BBVA will be a software company in the future"（BBVAは将来的にソフトウェア会社になるであろう。）これは、スペイン大手金融機関BBVA（Banco Bilbao Vizcaya Argentaria, S.A.）のエマニュエル・ゴンザレス会長（当時）が2015年に開催されたモバイルデバイス関連のカンファレンスで発言したものである。ゴンザレス氏は、今後、GAFAのようなデジタル・プラットフォー

マーが金融業界に続々と進出してくることを想定し、金融機関もこれらデジタル・プラットフォーマーに対抗するためにデジタル・テクノロジーを積極的に活用したソフトウェア会社のように振る舞うことを表明したものである。その後、BBVAにおいては、デジタル・テクノロジーを活用したサービスの提供を推進し、現在では、その顧客の7割以上はデジタル・チャネルを通じて同行の金融サービスにアクセスする。

　同様の動きは、他の金融機関でもみられる。テクノロジー系メディアであるMITテクノロジーレビューが2017年に報じたところによれば、ゴールドマン・サックスでは、600人いたトレーダーをわずか2人のエンジニアに置き換え、その業務をAIに代替したという。これは当時、センセーショナルに報道され、多くの読者もご存知のことであろう。このほかにも欧米の大手金融機関においては、テクノロジー系人材を積極的に採用し、その技術評価のために自社でラボ（研究所）を設立し、多くのFinTechスタートアップとの協業を積極的に推進する。いずれも有力FinTech企業、またはデジタル・プラットフォーマーに対抗し、顧客との関係性を強化することが目的であり、いまでは日本をはじめとして世界中の金融機関で同様の動きが進展する。ここ数年で金融機関のサービスは急速に進歩し、一部のサービスではその使い勝手においてFinTech企業が提供するサービスと互角、もしくはそれ以上に利用しやすいものが数多く誕生した。

　現在、大手金融機関はどのようにデジタル・テクノロジーへの対応を進めているのであろうか？　その事例をいくつかの金融機関を例にとって紹介したい。

　米国の大手金融機関Capital Oneは、従業員の半数以上を技術系人材で占め、自らを"Tech Company"と標榜するほど技術活用に積極的である。個人向けクレジットカード事業を起点に全米屈指の金融機関にまで成長した同社は、その過程で多くの企業買収を行ってきた。一定の事業規模にまで成長した同社は、2014年以降、異業種企業、特にIT関連企業の買収を進める。これら企業の買収は、単に自社のシステム開発体制を強化する目的で行われ

▶ 図表 1 － 8　Capital Oneにおける近年の主な買収先

| 年 | 買収企業 | サービス |
|---|---|---|
| 2011 | Hudson's Bay Company credit card business | クレジットカード |
| 2011 | ING Direct | ネット銀行 |
| 2011 | HSBC domestic credit card business | クレジットカード |
| 2012 | BankOns | 法人向けバンキング |
| 2012 | Bundle | PFM |
| 2013 | Beech Street Capital | 住宅ローン |
| 2014 | Adaptive Path | UX専門コンサルティング |
| 2015 | Level Money | PFM |
| 2015 | Monsoon Company | ソフトウェアサービス |
| 2016 | Paribus | 商品価格トラッキング |
| 2016 | Critical Stack | 開発管理ツール |
| 2018 | Notch | テクノロジーコンサルティング |
| 2018 | Confyrm | セキュリティ |
| 2018 | Wikibuy | 商品価格トラッキング |

非金融系企業を中心に買収

（出所）　各種報道資料よりRidgelinez作成

ているわけではない。買収先企業は独立して事業を営み、他社に対しても積極的にビジネスを展開する。この際、同社でのシステム開発への関与実績をもとに金融機関での利用にも応えられる高水準なサービス提供を可能とする（図表 1 － 8 ）。

　ゴールドマン・サックスにおいても同様の動きがみられる。同社の場合もテクノロジー系人材を多数採用し、世界的な金融の中心地であるニューヨークに本拠地を構えるそのオフィスは、スーツにビジネスシューズでドレスアップした社員からジーンズにスニーカーといった比較的ラフな格好をした社員が多数訪れる場所へと変貌した。

　同社では新たな事業展開を目指し、テクノロジー活用を積極的に進める。その最たる例が、2016年に発表したMarcusであろう。同サービスは、オンライン中心に提供される個人向けの金融サービスであり、他行よりも高い金利での預金口座、低金利での融資サービスが主力となっており、短期間で多くの口座数を獲得するに至った。

15

いずれの事例においても以下のような共通点がみられる。すなわち金融機関トップがテクノロジー活用の重要性を認識し、大胆な人材シフトを行ったこと、自社で新たなサービスを開発しつつも積極的に外部の知見を取り入れたこと、そして、テクノロジーを活用することで既存事業とは異なる新たな事業領域を開拓したことである。デジタル化に伴い、金融サービスへの新規参入が相次ぐことで競争環境が激化し、既存金融機関の主力事業が失速してしまうおそれがある。しかしながら、金融機関にとって、現在の主力事業に代わり新規事業に経営資源を集中するような判断は、共倒れになりかねない。このため、デジタル・テクノロジーを活用して新たな事業を低コストかつ素早くつくりあげ、それらを徐々に拡大させていくことが必要となってくる。

## 2.3　デジタル・プラットフォーマーによる金融サービス提供の拡大

### 2.3.1　GAFAによる金融サービスの提供

　2019年6月、Facebookよりなされた1つの発表が、その後、金融業界のみならず政治の世界までをも巻き込み、大きな影響を与えた。ブロックチェーンをベースとしたデジタル通貨Libraの発表である。当時の発表では、多くの有力企業がLibraの発行主体であるLibra Networkに参画することが明らかとなり、多くの金融関係者に衝撃を与えた。参加企業にはUberやLyftといったシェアエコノミーを手がける企業のほか、Spotifyのように若年層から多くの支持を集める企業の名前が目立つ（当初、VisaやMastercardといったカードブランド会社、PayPalの参加も報じられたが、その後、正式に脱退した）。

　独自に決済を中心とした金融サービスを提供し、かつunbanked層を対象とするなど金融機関の従来のサービス提供のあり方と一線を画した点が、多

くの注目を集めたといえよう。これに限らずGAFAと呼ばれるデジタル・プラットフォーマーは近年、独自に金融サービスを提供し、これまで金融機関が対象としてこなかった顧客に対する支援を厚くする。Amazonでは、2019年4月にCredit Builderと呼ばれる金融サービスを開始した。同サービスは、クレジットカードを利用できない低所得層を対象に、米Amazon.comでの商品購入に限り利用できるものであり、同サービスを用いてAmazon.com内で商品購入を行うことにより、その信用力を向上させることができる。Appleも同様に2019年8月よりゴールドマン・サックスと協業してクレジットカード発行に乗り出した。同カードもその主要なターゲットは低所得者層であるとされる。Googleもまたいくつかの金融機関と協業し、2020年より当座預金口座を提供予定であると報道されている。いずれも、(Facebookは否定するものの)自社のサービスを基軸とし、金融サービスを媒介し多くのユーザーを獲得することを目指すものであり、デジタル・トランスフォーメーションの本質といえよう(図表1-9)。

▶ 図表1-9　GAFAが提供する主な金融サービス

| | 個人向け<br>与信商品 | 法人向け<br>与信商品 | 預金・送金・決済 | 投資・<br>資産形成 |
|---|---|---|---|---|
| **Google** | - | - | 電子マネー免許の取得、<br>Google Pay<br>Pending<br>Transaction<br>当座預金(予定) | - |
| **Apple** | - | - | Apple Pay<br>Apple Card | - |
| **Faecbook** | - | - | Facebook<br>Messenger送金<br>Libra<br>Facebook Pay | - |
| **Amazon** | Amazon Credit<br>Builder | Amazon Lending | Amazon Pay<br>Amazon Cash<br>Amazon Coins<br>Amazon PayCode | - |

(出所)　各種報道資料よりRidgelinez作成

## 2.3.2 急成長を遂げるアジアのプラットフォーマー

　こうした動きは、GAFAにとどまらない。世界中のデジタル・プラットフォーマーが同様の取組みにより、その金融サービスのネットワークを拡大しつつある。東南アジアを中心に利用者を拡大するライドシェアサービスGrabはアジア地域で約1億人の利用者を抱え、世界的にみても最も利用されているライドシェアサービスであろう。

　Grabでは、Grab Payと呼ばれる独自のモバイル決済サービスを提供し、その利用者の取り込みを図る。Grabのアプリは、ライドシェアサービスだけを対象としたものでなくGrabを取り巻くさまざまなサービスが統合された"Super App"としても機能する。そのなかでもアプリのトップに表示されるのがGrab Pay機能であり同サービスにおいて最も重要な地位を占めているのがうかがえる。Grabではこうしたユーザー向けのサービスばかりでなく、Grabのドライバー側にもさまざまな金融サービスを提供し、そのネットワークの拡大に努める。同様の動きはインドネシア発のGojekや中国の配車サービスDiDiにおいてもみられる（**図表1-10**）。

　このようにデジタル・プラットフォーマーは、各自が金融サービスを独自に提供し、そのエコシステムの拡大を図ることを目指している。中国のデジタル・プラットフォーマーであるAlibaba、Tencent、日本のLINEや楽天と

▶ **図表1-10　Grab、Gojekが提供する主な金融サービス**

| | 預金、送金・決済 | 個人向け融資関連 | 法人向け融資関連 | 投資・資産運用 | 保険 |
|---|---|---|---|---|---|
| **Grab** | GrabPay Citi Grab Credit Card GrabPay Card 銀行（予定） | Grab Finance | Grab Finance | AutoInvest | GrabInsure |
| **GoJek** | GoPay GoBills PayLater | － | － | GoInvestasi | GoSure |

（出所）　各種報道資料よりRidgelinez作成

いったプラットフォーマーにおいても同様の動きがみられる。

　一方、金融機関にとっては、従来の金融ネットワークの外で提供される
サービスの拡大はそのまま顧客流出へとつながる。こうしたなか、金融機関
もまた自社で積極的にテクノロジーを活用した新たなサービスの提供が求め
られるのである。

# 03 デジタル化を受けた法規制の方向性

## 3.1 欧米で進むプラットフォーマー規制

　GAFAといったデジタル・プラットフォーマーの活動領域が拡大するにつれて、これらプラットフォーマーによる個人データの収集・活用について、行き過ぎた側面があることが指摘されている。昨今では、こうしたGAFAの影響力を危惧し、何らかの規制を講ずる動きが世界の各地で生じている。たとえば、先ほど紹介したLibraについては、その構想が発表された段階から多くの国の政治家が危機感を表明しており、米連邦議会で開催された公聴会ではFacebookのCEOであるマーク・ザッカーバーグが議員から激しい追及を受けている。このほか、各国の中央銀行総裁はデジタル通貨Libraがこれまでのグローバルな金融システムに与える影響について懸念を表明している。加えて、これまでGAFAが自由に収集、活用してきたデータの取扱いをめぐっても各国で規制を求める動きが強まっている。

　欧州議会は、2016年、一般データ保護規則（GDPR）と呼ばれる主にEU域内の一般の人々のデータ保護を目的とした規則を制定した。同保護規則において重要となるのは、データの主権が個人にあることを明言した点にあり、個人からのデータ収集にあたってはその同意を企業側に求めた点である。これまでほぼ無許可で個人からデータを収集し、活用してきたGAFAをけん制する目的があることは明らかである。同保護規則の影響を受けて、たとえば、Googleのサービス等では、利用者自身でGoogleが収集した個人データを確認、消去できる機能がついたことは記憶に新しい。

## 3.2　デジタル・テクノロジーの進展に伴う国内法規制の整備

　日本においてもこうしたGAFAを中心としたプラットフォーマーの動きを
けん制する方向で2020年5月には「特定デジタルプラットフォームの透明性
及び公正性の向上に関する法律案」が国会で可決した。同法案では、主にデ
ジタル・プラットフォーマーと取引関係のある中小事業者を対象に対して不
公正な取引を防ぐことを目的とし、プラットフォーマー側に取引状況に関す
る定期的な報告を求める。また、個人のデータをめぐる取扱いについても個
人情報保護法の改正による対応が検討されている。

　一方で、異業種企業による金融サービスの提供にあたっては、その参入障
壁が下がる方向で法改正が進む。

　金融庁は2020年3月、「金融サービスの利用者の利便の向上及び保護を図
るための金融商品の販売等に関する法律等の一部を改正する法律案」を国会
に提出した。同法案は、これまで銀行、証券、保険と別々に存在していた代
理業免許を一本化するとともに各々金融機関に対して所属する形式であった
代理店制度を見直し、金融機関からの所属をなくす方向で法改正を進める。

　同制度が実現した際には、金融サービスの代理業を行う事業者は、さまざ
まな金融サービスを自社のチャネルで提供する方向で道筋が開かれる。今後
とも金融業界へと新規参入を検討する異業種のプラットフォーマーにとって
は有利な方向性で規制改革が進もうとしているのである。同法案は、今後国
会審議を経て成立する見込みであり、早ければ2021年秋頃にも施行される可
能性が高い。

# 04 デジタル化に伴う国内金融業界の動向

　国内金融業界においては、デジタル化の進展に伴い、その市場環境は大きく変化していくことが予想される。特に今後は、金融業界に参入を果たす異業種企業とその顧客獲得にあたって競合すると予想される。これら異業種企業においては、本業で培った顧客経験価値（UX）の高いサービスをもとに、顧客の支持を集めるサービスの開発・提供に長けたものも少なくない。こうした動きのなかにあって、金融機関はどのように対応しているのであろうか。以下では、これまでの本邦金融機関におけるテクノロジー活用のあり方を振り返るとともに、現状の方策について整理したい。

　国内金融業界は、伝統的に他業界と比較してもテクノロジー活用に積極的な業界である。背景には、高度経済成長期における企業の資金需要に応え、原資となる預金を効率的に吸収することを目的として積極的にシステム投資を行ってきたことが大きく影響している。

　金融機関のテクノロジー活用は、「はじめに」でも触れたように1950年代に情報処理システムを導入したことから始まったといわれる。当初は、パンチカードシステムと呼ばれる厚手の紙に穴を開けたものを処理する方式であったが、その後、1960年代には早くも普通預金の勘定を迅速に処理するためのシステムである普通預金オンラインシステムが導入されている。日本での導入第1号は1965年、当時の三井銀行（現三井住友銀行）であった。さらに、1969年には当時の住友銀行（現三井住友銀行）がキャッシュ・ディスペンサー（現金自動支払機）を導入し、すでに1970年代には勘定系、営業店システム、ATMといった現行の金融情報システムの原型ができつつあった。

　その後、1970年代後半から1980年代後半にかけて、第2次オンラインシステムと呼ばれる金融機関内の主要勘定業務の連動処理、金融機関相互のネッ

トワーク化が進められ、1980年代後半から行われた第3次オンラインシステムにおいて業務処理のより一層の効率化や、新たな金融商品への対応、そして収益管理やリスク管理といった情報機能の強化等が行われた。

　この頃には、金融機関の経営にICTはなくてはならないものと認識され、そのシステムの範囲は国際系、資金証券系、外部接続系、経営管理系へと拡大した。

　そして、1990年代半ばに始まった「ポスト3次オン」と呼ばれる世代においては、金融ビッグバンやITの高度化に促され、新商品開発やチャネルの拡大、コンプライアンス強化などの機能強化が進んだ。1990年代後半には、すでにインターネットバンキングシステムが導入されるなど金融機関はICT化の最先端を走ってきたといっても過言ではない。しかし、ポスト3次オン以降の金融システムの利用者たる産業・企業、消費者・家計の潮流やITの急激な進化をかんがみるに、金融システムは大きな転換期を迎えていると考えられる（**図表1－11**）。

　昨今のFinTechの興隆は本邦金融機関のテクノロジー活用においても多大な影響を与えている。2015年頃を境として多くの金融機関がFinTech企業との提携に踏み切り、自行の顧客データをFinTech企業に共有することも珍しくなくなった。加えて昨今では、金融機関自身がFinTech企業に対抗してサービス開発・提供に乗り出すケースも珍しくない。

　たとえば、2018年4月に経済産業省により発表された「キャッシュレス・ビジョン」の前後に多くの事業者がモバイル決済サービスを提供している。こうしたなか、金融機関においてもこれら事業者のサービスに対抗するかたちでサービス提供に乗り出している。みずほフィナンシャルグループにより開発が進められたJ-Coin Payでは、多くの地域金融機関に協力を募り、加盟店を共同で開拓するほか、参加銀行間での送金手数料を無料とする。このほか、住信SBIネット銀行を中心として海外の有力FinTech企業が開発したデジタル送金サービスであるRippleを活用する動きが広がるなど、急速にサービス開発・提供が進む。

▶ 図表 1 −11　国内金融業界のテクノロジートレンド

| | ～1970 | 1980 | 1990 | 2000 | 2010～ |
|---|---|---|---|---|---|
| 金融データ情報基盤 | 第2次オンライン (1965年)　日本でATM導入 (1969年) | 第3次オンライン (1980年代)　SWIFT開始 (1981年)　BANCS開始 (1984年) | ポスト第3次オンライン (1990年代)　第3次全国銀行データ通信システム拡充 (1988年) (MT-データ伝送稼働)　テレフォンバンキング開始 (1988年)　銀行・ゆうちょの ATM相互接続 (1999年)　ネット専業銀行開設 (2000年)　インターネットバンキング開始 (1997年)　モバイルバンキング開始 (1999年) | 手のひら静脈認証ATM 移動 (2004年)　スマホ向けバンキングサービス 開始 (2010年) | 日本国内におけるFintechの 取り組みが活発化 "Fintech元年" (2015年) |
| デバイス | 世界初の携帯電話 発売 (1973年) | 日本初の携帯電話 サービス開始 (1985年) | iモードサービス開始 (1999年)　QRコード誕生 (1994年) | おサイフケータイ開始 (2004年)　QRコード-FISO 国際規格化 (2000年)　iPhone国内販売 開始 (2008年) | Apple Watch 国内販売開始 (2015年)　Amazon Echo、Google Home 国内販売開始 (2017年) |
| 認証 | | 生体認証技術の一般利用に 向けた研究 (1980年代) | 指紋認証を用いた 入退室管理 (1994年代) | 生体認証携帯電話 発売 (2003年) | 生体認証搭載端末の普及 (2010年代) |
| IoT・ネットワーク | | 1G (アナログ) サービス開始 (1988年)　ユビキタスコンピューティングが提唱される (1988年) | 2G (PDC) サービス開始 (1993年)　Internet of Things が提唱される (1999年) | 3G (W-CDMA) サービス開始 (2001年) | 4G (LTE) サービス開始 (2010年)　LPWA (2017年) |
| ビッグデータ | | | | ビッグデータの定義 (3V) が提唱される (2001年) | |
| AI | 第一次AIブーム (探索、推論) (1950年代から1960年代) | 第二次AIブーム (知識表現) (1980年代から1990年代後半) | | 第三次AIブーム (機械学習) (2000年代以降) | Googlebrain 猫の概念の学習 (ディープラーニング) (2012年)　情報銀行の概念が検討される (2010年頃) |
| ブロックチェーン | | | | | ビットコイン/ブロックチェーン取引 開始 (2009年) |
| API | | | World Wide Webが無料開放される (1993年) | Google Search API提供 開始 (2002年) | オープンAPIの 取組加速 (2010年代) |
| 基盤技術 | メインフレーム (1960年代) | 分散コンピュータ (VAX) (1980年代) | クライアントサーバ (1990年代)　商用インターネット開始 (1990年代) | AWS (クラウド) サービス開始 (2006年) | 商用量子コンピュータ (2011年) |

(出所)　Ridgelinez作成

24

　また、欧米において大手金融機関がセカンドブランドでデジタルバンクを提供する事例にならい、ふくおかフィナンシャルグループにおいても独自のデジタルバンク設立の動きが進む。同デジタルバンクは、クラウドプラットフォーム上で勘定系を構築するなど技術的にも新しい取組みとなっている。

　加えて、これまでの資金収益にとどまらない新たな収益源構築の取組みとして、情報銀行事業への参入があげられる。情報銀行とは、個人のデジタル／フィジカル（物理）双方での活動により生み出されるパーソナルデータを利用者との契約に基づいて管理し、第三者に提供する仕組みである。銀行が預金を預かり、貸出を行うことで収益を獲得するように、情報銀行ではパーソナルデータを適正に管理し、流通させることで収益を獲得する。銀行をはじめとする金融機関は従来から顧客の氏名、住所、経済状況といった個人情報を厳格に管理しており、親和性が高い。こうした点に着目し、現在では三菱UFJ信託銀行や三井住友信託銀行等、主に信託銀行を中心として事業化を図る動きが顕著である。

# 05 デジタル化時代における 金融サービスのあり方

　ここまでみてきたようにデジタル化の進展を受けて金融機関を取り巻く環境は大きく変化した。社会経済環境においては、テクノロジー活用の進展に伴いその経済格差が広がるとともに、多様なバックグラウンドをもつ人々が金融サービスにアクセスする機会が増加している。また、シェアリングエコノミーなどの新たな経済活動の拡大は、金融ニーズを大幅に変化させる方向へと動きつつある。加えて、テクノロジー活用に長けたFinTech企業、デジタル・プラットフォーマーが提供する金融サービスは、着実に利用者の支持を集めており、金融機関から一定の顧客がシフトしたととらえることができる。今後、社会・産業構造の変化ならびに消費者の構造変化に伴い、金融サービスはどのように変化する必要があるのであろうか。

　産業構造の変化と現状の課題となる2025年の崖問題は、金融機関も無縁でいられない。金融機関の場合、他の産業に先駆けて情報化を推進したため、レガシーシステムと呼ばれる各行独自に開発された古い規格のままのシステムが数多く存置されている。金融情報システムセンターの調査によれば、本邦金融機関では、システムに関連する予算のうち、およそ7割が既存システムの維持・管理に充てられており、おのずと新規のシステム開発に向けた予算は限られる傾向にある。

　一方、欧米の金融機関では状況が大きく異なる。たとえば、米国の4大銀行の一角を占めるJPMorgan Chaseでは、そのIT予算は年間で1兆円という規模が与えられ、その多くは、新規のシステム開発や技術開発に向けた予算とされている。事実、2010年代の後半に入り、欧米の大手金融機関は軒並みスマートフォンアプリの開発やブロックチェーンを活用した新たな金融インフラ開発に向けた実証実験など新たなシステム開発に向けた投資を積極的に

行いつつある。各国において、システム開発の形態が大きく異なることから、システム投資に対する考え方は一概に扱うことのできない問題であるが、デジタル化の時代を迎え、国境を越えて利便性の高いサービスが利用者に届けられるようになった現在、本邦金融機関も新規のサービス開発に向けて戦略的な投資が求められる状況にあるのではなかろうか。国際的な人の移動の活発化、移民の増加は、金融サービスにもさまざまな影響を及ぼす。

たとえば、キャッシュレス決済への対応、国際的な送金手段の充実などはその最たる例であろう。各種の統計において日本のキャッシュレス決済比率は諸外国と比較しても低いことが取りざたされている。今後ともインバウンドを継続的に増加させていくうえでも、グローバルで幅広く活用されているキャッシュレス決済手段の利用を充実させることが重要であろう。また、国境を越えた経済活動が活発化していくにつれ、国際的な送金手段の充実も今後、重要な争点となってくると考える。

わが国においても2020年の通常国会において資金決済法の改正が本格的に審議され、なかでも100万円を超える高額送金に対する認可といった送金手段の充実に向けた法改正が行われた。これら訪日外国人や恒久的に日本に居住する外国人に向けた包括的な金融サービス提供の検討も重要である。

すでに米国などの諸外国では、プリペイド型の金融サービスの提供が一般化しており、国籍を有しない外国人であっても利用できる金融サービスの選択肢が多い。今後、日本にも同様に、外国人にも対応した多様な金融サービスの提供が必要となってくると考える。

デジタル・テクノロジーの活用拡大に伴い、新たな経済活動が2010年代に入って大きく開花したことに伴い、金融サービスもまた、従来の経済活動ではなくこれら新たな経済活動に対応したものへと変化していくことが望まれる。

たとえば、ギグワーカーと呼ばれる短期契約を主体とした雇用関係においては、定常的な収入が見込める可能性も低い分、その技能が高く評価されれば、短期間で高収入を得ることも考えられる。このため、高度なスキルを有

しながら収入が不安定となる人々も想定され、こうした人々に安定的な資金供給を行うことで将来的に優良顧客へと成長することが期待できる。加えて、雇用者、被雇用者の関係性もまた、対等な立場へと変化させることが必要となり、この際、双方の信用状態を測定するなど、一部の金融機能が有効に機能することが必要であろう。また、サーキュラーエコノミーにおいては、その資源供給、製品開発がより即時型へと変化していくことが予想され、この場合、工場設備やその在庫といった旧来の生産設備のあり方も変容してしまう。企業に対する資金供給もまた、より機動的なものへと変化せざるをえない。このように金融サービスのあり方自体もまた、最新のデジタル・テクノロジーをうまく活用して変化を遂げていく必要がある。

　最後に、今後ともGAFAに代表されるデジタル・プラットフォーマーが自社のエコシステム拡大のために利便性の高いサービスを低コストで次々と提供する動きは続いていくものと考えられる。GAFAをはじめとするデジタル・プラットフォーマーはいずれも、顧客ニーズを再定義しそれに合ったサービスの提供に関しては1日の長があり、これが顧客から大きく支持を集める要因となっている。

　たとえば、Facebookを中心に提供されることが予想されているLibra、そしてAmazonによるCredit Builderはいずれもunbanked層と呼ばれる既存の金融サービスにアクセスできない層を対象としてサービスを提供しており、いわばインクルーシブエコノミーという新たな経済活動に対応した証左であるといえる。このほかにもUberやGrabといたシェアリングエコノミーの担い手は、これらサービスの利用者に対して金融機能を提供することで自社の影響力を拡大させている。金融機関もまた、こうしたデジタル・プラットフォーマーとそれらが担う新たな経済活動への対応が欠かせない。

　金融機関が他のプレイヤーと比較して、顧客からの支持を集めるカギとなるのは、長年にわたりその経済活動を支えてきたその信頼性にあるといえよう。今後の金融機関はこの信頼性を軸として、そのサービスをデジタル・テクノロジーの活用により高度化し、顧客にとってより利便性が高く、かつ信

頼できるプラットフォーマーとなることが求められている。

　次章以降では、こうしたデジタル・テクノロジーの動向とそれを活用し、新たな金融サービスを展開する金融機関の動向を詳述したい。

第 **2** 章

# 先端テクノロジーの
# 最新トレンド

# 01 本章で取り上げるテクノロジー領域 （鍵となる７つのテクノロジー）

「アマラの法則」をご存知だろうか。"われわれは、テクノロジーが与える社会や経済への影響について、短期的には過大評価をし、長期的には過小評価をする傾向にある"というものである（**図表２−１**）。

　指数関数的に成長を続けるテクノロジーに対して、リニア思考で未来を予測しては打つべき手を見誤ってしまう。

　金融機関は、テクノロジーを積極的に活用している業態の１つだが、テクノロジーの飛躍的な進歩により、あらためて、いまどのテクノロジーに着目し、どのような手を打つべきかをプロアクティブに検討することは最も重要な経営課題の１つとなっている。

　テクノロジーの進化とそれにより生まれるイノベーションを予測するのは簡単ではない。

▶ **図表２−１ 「アマラの法則」の概略図**

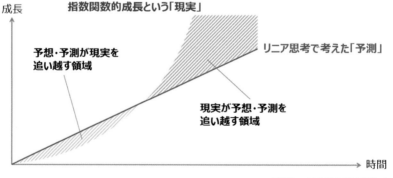

（出所）　日本総合研究所作成

　本章では、社会、経済へ与えるインパクトが大きく、金融機関においても活用が見込まれる可能性が高いと考えられる先端テクノロジーのトレンドを紹介する。

　最初に、過去10年間でテクノロジーによって引き起こされた重要な3つのトレンドを振り返っておきたい。

　最も大きなインパクトは間違いなく、スマートフォン（以下、スマホ）の普及であろう。世界のスマホユーザーの数は51億人を超え、普及率は66％に達している[1]。

　また、国内の保有率も、2010年の9.7％から2018年には79.2％へと大きく拡大した[2]。現在発売されているスマホの性能は、一昔前のスーパーコンピュータを凌駕するものであり、そうした高性能のコンピュータを皆が当たり前に"持ち運ぶ"という大きなパラダイムシフトが起きている。

　2つ目は、ビッグデータの進展である。前述のとおり、誰もがスマホを、いつでも、どこでも所持したまま移動し、クラウドサービスやソーシャルサービスなどの利用が定着しているほか、産業界でもさまざまな機械にネットワークに接続されたセンサーが搭載されることで、インターネットに流通するデータが、2010年から2020年の10年間で40倍に増加するとされている[3]。

　こうしたデータを分析すると、あらゆる人の行動や企業の活動をタイムリーに捕捉することが可能となり、新たなサービス創出や既存業務の変革に大きく寄与する。"膨大なデータからいかに価値を生み出すか"はあらゆる産業、企業において共通の重要な課題である。

　3つ目は、ディープラーニングの登場によって大きく進化したAIである。二度のAIブームの冬の時代を経て、部分的ではあるが、人類はついに人間の能力を超えるAIを開発できるようになった。

---

1　We Are Social, Hootsuite「DIGITAL 2020: JULY GLOBAL STATSHOT」（2020. 7 .21）
2　総務省「令和元年版 情報通信白書」（2019. 7 . 9 ）
3　総務省「平成26年版 情報通信白書」（2014. 7 .15)

近年では、画像認識や音声認識に続き、文章読解の分野でもAIが人間の平均レベルを超えているという報告もある。そうしたディープラーニングの学習に使う計算量は膨大だ。

　たとえば、2012年に発表されたAlex Netというシンプルな画像認識のモデルと、囲碁AIで有名な2018年のAlphaGo Zeroではその計算量が30万倍にも増加した[4]。約3.5カ月で2倍というハイペースで計算量が増加しており、これは18カ月で2倍のペースで、半導体の集積が進み、性能が向上するというムーアの法則を大きく超える速度だ。日進月歩で進化が進むAI技術の活用においては、一般的に利用されているCPU性能向上のスピードでは、大きく取り残される事態となっており、AIに特化した専用チップの開発や量子コンピュータなど次世代のコンピュータ基盤技術の実用化への期待が高まっている。

　このようにICTの普及と進化、そして先端技術がもたらすイノベーションは大きく社会や経済を変容してきた。そして、これからもその流れは加速していくことだろう。こうした3つのメガトレンドと関連し、今後も注目に値するテクノロジーは、大きく4つのレイヤーに整理できる。まず、顧客やサービス、モノなどとの「接点」、それらから発生するデータをやりとりする「通信・ネットワーク・制御」、収集したデータを「蓄積・処理」するテクノロジー、最後にそれらを支えるインフラとなる「基盤技術」である。

　以降では、この4レイヤーに整理される7つのテクノロジーのトレンドについて、要点を絞って解説する（**図表2－2**）。

---

**4**　OpenAI「AI and Compute」（2018．5 .16）

▶ 図表2－2　本書で取り上げるテクノロジーの相関図

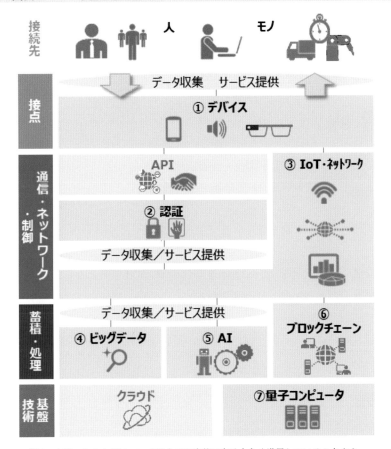

（注）　API、クラウドについてはすでに成熟に向け大きく進展していることから、
　　　本書においてはスコープ対象外としている
（出所）　日本総合研究所作成

# 02 デバイス

最新テクノロジートレンド

**KEYWORD**　デバイスの小型化・多機能化、
AIアシスタントの搭載・相互連携

女性はベッドから目を覚ますと、こう尋ねる

　　**女性**　Alexa, what's the time？（アレクサ、いま何時？）
　　**相手**　It's 6 am（朝の6時です）

　次に、女性はベッドから起き上がり、窓からみえる雨を見つめながら、こう尋ねる

　　**女性**　Alexa, what's the weather like right now？（アレクサ、いまの天気はどう？）
　　**相手**　Currently, it's light rain（いまは小雨です）

　すると、女性は傘をもたず、盲導犬と一緒に家を出るのである[5]。
　これはAmazonとロンドンの広告代理店Jointが英国の慈善団体、英国王立盲人協会とのパートナーシップの一環として制作したCMコンテンツであ

---

5　Amazon.co.uk YouTube「Amazon Echo & Alexa Morning Ritual」

る。このCMに登場する女性は視覚障がい者であるため、外の天気がはっきりとわからない。女性が外の天気について尋ねると、小雨であることを話し相手が答えてくれる。結果、この女性は傘をもたずに外出することができる。この相手とは、Amazonが開発する音声AIアシスタント「Alexa」を搭載したスマートスピーカーである。「人間」ではない。技術の進化（特に、AIの発達）により、人間と機械の接点となるインターフェース技術、および、その技術を実現するための情報機器であるデバイスは、ここ十数年で大きく変化した。

　ほぼ毎日利用しているスマホは、2007年にApple社が発売した初代iPhoneを契機に急速に普及し、私たちの生活や経済に欠かせないインフラへと変化した。スマホは1人1台が当たり前の時代を迎えつつあり、その性能というと、1970年代にアポロ計画でNASAが使っていたコンピュータより高い計算力を有する[6]。

　高性能かつモバイル性に優れるスマホへの一極集中が進む一方、近年、対話型のAIアシスタント機能を搭載するスマートスピーカーや、眼鏡・腕輪として身に着けるウェアラブルデバイスが急速に市場規模を拡大させている。全世界のスマートスピーカー市場（出荷台数）は2016年の1,000万台から2018年で7,000万台へ成長し、2021年までに1億8,000万台にのぼる見込みである[7]。

　画面タッチやキーボード等を使用することなく、スマートスピーカーに話かけるだけで音楽の再生や家電製品の操作、さらには、デリバリー注文や公共料金の支払い等も可能だ。また、2018年の全世界のウェアラブルデバイスの出荷台数は1億7,215万台で前年比27.5％増[8]、2019年第3四半期（7月～9月）の出荷台数は前年同期比94.6％増の8,449万台であり、近年、著しく

6　『拡張の世紀──テクノロジーによる破壊と創造』ブレット・キング著
7　総務省「令和元年版 情報通信白書」第2節 デジタル経済を支えるICTの動向
8　IDC Japan株式会社「2018年第4四半期 世界／国内ウェアラブルデバイス市場規模を発表」

| 名称 | 概要 | 代表例 |
|---|---|---|
| パソコン | ・個人向けの大きさ・性能・価格をもち、エンドユーザが直接操作できるように作られた汎用的なコンピュータ | HP、Lenovo、NEC、Fujitsu、Dell |
| タブレット | ・比較的大きい画面を備え、さまざまな処理が可能であり、またソフトウェア的な拡張性も高い板状のコンピュータ | iPad、Surface |
| スマートフォン | ・モバイル向けオペレーティングシステムを備えた携帯電話の総称 | iPhone Xpedia |
| スマートウォッチ | ・小型のタッチスクリーンとCPUを搭載した、多機能な腕時計型のウェアラブルデバイス | Apple Watch |
| スマートグラス | ・ヘッドマウントディスプレイ(HMD)方式の拡張現実ウェアラブルコンピュータ | Google Glass |
| スマートスピーカー | ・対話型の音声操作に対応したAIアシスタント機能をもつスピーカー | Amazon Echo Google Home |
| ヘッドマウントディスプレイ | ・頭部に装着するディスプレイ装置<br>・両眼・単眼に大別され、目を完全に覆う「非透過型」や「透過型」といったタイプがある | Oculus HTC VIVE PRO |
| 触角（ハプティック）デバイス | ・振動・電気刺激・温度などの要素を組み合わせ、自分が触っているかのような感触を遠隔に伝えるデバイス | EXOS Wrist DK2 |
| 味覚デバイス | ・味覚は舌で感じる五味（甘味・酸味・塩味・苦味・旨味）と、鼻で感じる風味で構成<br>・このうち、風味が味覚の９割を構成。VR映像に食品の香り（風味）加えることで、味覚を再現する研究が進む | Tasted VR |
| 嗅覚デバイス | ・匂いを出すデバイス<br>・映像と音に適した匂いがタイミングをあわせて匂えば、さらに没入感や臨場感を感じさせることができる | Tasted VR Nosulus Rift |
| ヒアラブルデバイス | ・ディスプレイを必要としない、「耳」を通じた新たなコミュニケーションスタイルを実現するデバイス<br>・音声アシスタント対応デバイスなど、従来のイヤホンと異なる多彩な機能を備えるウェアラブルデバイスも含む | AirPods Beats |

（出所）　日本総合研究所作成

市場を拡大させている[9]。

　現在、私たちの生活や社会においては、**図表 2 － 3** のような、スマホ以外の多様なデバイスが登場し、利用し始めている。

　本書では、デバイスの構成要素を、コンピュータに対して情報を相互にやりとりするハードウェア（入力インターフェース、出力インターフェース）と、そのデバイスを制御するソフトウェアで定義する。以降、デバイスのトレンドとして、トレンド①ナチュラルインターフェースの開発、トレンド②AIアシスタントの搭載と連携を取り上げて解説する（**図表 2 － 4**）。

---

9　IDC Japan株式会社（2019年第３四半期 世界および国内ウェアラブルデバイス市場規模を発表）

▶ **図表2−4 デバイスのトレンド**

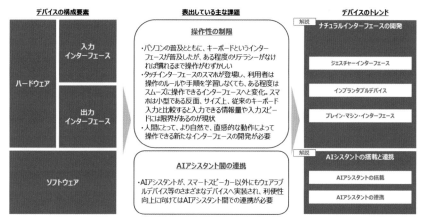

（出所） 日本総合研究所作成

**トレンド① ナチュラルインターフェースの開発**

### 2.2.1 概　要

　ユーザインターフェースは、音声認識技術の進展により、「文字」による入出力から「音声（口頭言語）」による入出力へと進化した。この音声認識技術はすでに人間の認知レベルに達しており、2018年のGoogle I/Oで発表された予約の受付対応を自動で行う音声AIアシスタント「Google Duplex」は、人間と区別がつかないと話題になった（2019年3月より米国43州で利用開始[10]）。

　そして、近年、画像認識技術やレーダー技術の進展とともに、ジェス

---

10　Google blog「Book a table with the Google Assistant across the country on more devices」

チャーインターフェース[11]やインプランタブルデバイス、ブレイン・マシン・インターフェース（以下、BMI）といった、より人間にとって自然で、直感的な動作で操作可能なナチュラルインターフェースの開発が進んでいる。

### ■ インプランタブルデバイス

ウェアラブルデバイスの急速な市場拡大が示すとおり、デバイスは「携帯するもの」から「身に着けるもの」へと変化しつつある。そのようななかで、人体にマイクロチップ等を埋め込むインプランタブルデバイスが進展している。インプランタルデバイスにおいては、ユーザーは物理的なカード等をもたず、人体（手の甲など）に埋め込むRFIDやNFC機能をもつマイクロチップが埋め込まれた手をかざすだけで、料金支払いや会員制施設への入場が可能となる等、利便性が高いのが特徴である。ほかにも、ディスプレイを内蔵したスマートコンタクトレンズの実用化に向けた開発が進んでいる。

### ■ BMI（ブレイン・マシン・インターフェース）

BMIとは、脳と計算機・ロボットなどを直接結びつける技術であり、2000年にニコリレスらがNature誌に発表した論文において、サルの神経活動パターンから機器制御ができるロボットが開発されたのが始まりである。その後、2006年にドナヒューらが、四肢麻痺の被験者の運動野に電極アレイを埋め込み、まったく身体を動かさなくとも脳活動だけでパソコンやロボットの制御ができることを示した。主に医療・ヘルスケア領域向けに開発されていたが、近年では、他の領域でも開発が進展しており、政府や民間企業も多額の投資を行っている。

たとえば、米国は脳の動的な全体像を明らかにするため、10年で45億ドル（約5,300億円）の予算を研究開発に投資しているほか、EUはBNCI Horizon 2020（7年間で約800億ユーロ）やHuman Brain Projectを設けて、大学等研究機関での研究成果を企業に移転し、製品を市場に投入することや脳データ

---

11 　身振りや手振りなど（ジェスチャー）の動作によって、操作可能なインターフェース

のデータベース化を進めている[12]。

### 2.2.2　背　　景

　パソコンの普及とともに、キーボードというインターフェースが普及したが、ある程度のリテラシーがなければ慣れるまで操作がむずかしいインターフェースであった。そのようななか、タッチインターフェースのスマホが登場し、利用者は操作のルールや手順を学習しなくても、ある程度はスムーズに操作できるインターフェースへと変化した。

　しかしながら、スマホは小型である反面、サイズ上、従来のキーボード入力と比較すると入力できる情報量や入力スピードには限界があるのが現状である。そのため、人間にとって、より自然で、直感的な動作によって操作できる新たなインターフェースの開発が必要不可欠となっている。

### 2.2.3　事　　例

　■　Googleによるジェスチャーインターフェース「Motion Sense」の実装
　Googleは2019年10月に発売開始した新型スマホ「Pixel」に、ジェスチャーで操作可能な機能「Motion Sense」を実装している。「Motion Sense」は、電波を用いて周辺の動きを認識する技術「Soliレーダー」を用いている。これにより、たとえば、手を振るジェスチャーで再生している曲を次の曲に切り替えることができるほか、アラームのスヌーズ、着信音のミュートなどもジェスチャーで切り替えることができる。「Motion Sense」は2020年2月より、日本でも利用可能となった（**図表 2 - 5**）。[13]

---

12　日本医療研究開発機構「平成27年度 BMI分野における技術動向調査分析」
13　ITmedia Mobile「デュアルカメラになった「Pixel 4」「Pixel 4 XL」登場　モーション操作にも対応（日本は非対応）」、Mogura VR「触れずにスマホを操作、Pixel4の「Motion Sense」が日本でも利用可能に」

▶ **図表 2 － 5　Pixel 4 Motion Sense**

**Soli：ミリ波レーダーで離れた物体の動きを認識する技術**　　　　**手を振るジェスチャーによる曲の切り替え**

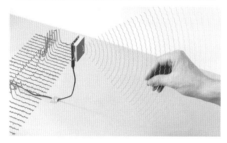 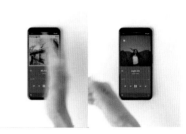

（出所）　engadget「Google、Pixel 4に「Soli」レーダーを搭載。ハンズフリー操作でアンビエント・コンピューティングへ一歩」、ITmedia Mobile「デュアルカメラになった「Pixel 4」「Pixel 4 XL」登場　モーション操作にも対応」

## ■ スウェーデン国鉄SJ AB[14]等によるマイクロチップ決済

　スウェーデンでは、カードキーや身分証の代替として利用する動きが進展しており、すでに3,500人以上がマイクロチップを人体に埋め込んで利用しているとされている[15]。2017年にスウェーデンの国鉄SJ ABは、車内で乗客の切符を確認する際、料金を徴収する手段として、乗客の手に埋め込まれた認証チップのスキャンを導入している（**図表 2 － 6**）。

　米国の自動販売機メーカーのThree Square Marketにおいても、同様の事例があり、社員80人中50人が通行証や食堂での支払いに利用できるマイクロチップ（価格300ドル）を手に埋め込み、利用しているという[16]。

---

**14**　Statens järnvägar aktiebolag（エスイー・アーベー：国家鉄道株式会社）の略
**15**　THE CONVERSATION「Thousands of Swedes are inserting microchips into themselves - here's why」
**16**　CNBC「Why most of Three Square Market's employees jumped at the chance to wear a microchip」

▶ **図表2-6 マイクロチップ決済**

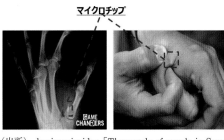

（出所）　businessinsider「Thousands of people in Swe-
den are embedding microchips under their skin
to replace ID cards」、Fortune「U.K. Companies
Want to Microchip Their Staff」

（出所）　businessinsider「「体内Suica」で
乗り放題! スウェーデンの鉄道が新
システムを導入」、「ウェアラブルの
次は、バイオハック? スウェーデ
ンでは、3,000人がマイクロチップ
をからだに埋め込んでいる」

### ■ Samsung等によるスマートコンタクトレンズの開発

　サムスンは2019年7月にARによる情報表示に加え、内蔵カメラによる撮
影や、まばたき等目の動きによるコマンド入力を可能とするスマートコンタ
クトレンズの特許を米国で取得している[17]。

　Googleは涙液から血糖値を測定するスマートコンタクトレンズを開発し
ていたが、涙液という少量の物質から測定に必要となる成分を採取すること
はむずかしいことから、2018年に開発を断念。現在は、白内障や老眼のため
のスマートレンズの開発は継続して進めている[18]。ほかにも、カリフォルニ
アに本社があるMojo Visionは、2020年1月にスマートコンタクトレンズ
「Mojo Lens」のプロトタイプを開発している（**図表2-7**）。

---

**17** Patently Mobile「Samsung wins Patent for Augmented Reality Contact Lenses」、
The Telegraph「Samsung patents 'smart' contact lenses that record video and let
you control your phone just by blinking」
**18** ITmedia NEWS「Google系列のVerily、血糖値測定コンタクトレンズの開発を中止
正確な測定は困難」

▶ **図表2－7　スマートコンタクトレンズ「Mojo Lens」**

（出所）　未来のディスプレイは、コンタクトレンズの姿でやってくる：米企業が目指す「見えない
　　　　コンピューティング」の世界
　　　　https://wired.jp/2020/01/18/mojo-vision-smart-contact-lens/

　左へと視線を動かし、そして右へと動かして"フリック"することで、カレンダーをスクロールしたり、家までの通勤時間を調べたり、音楽の再生をコントロールしたりといったことが可能になるとされている[19]。

### ■ 日産自動車等による脳波コントロール

　日産自動車は、ドライバーによるステアリングを回す、アクセルペダルを踏むといった運転操作について、実際に操作をする前に脳波を検出、自動運転へと適用するBMIを開発している（**図表2－8**）。

　自動運転に際し、ドライバーが感じる違和感を検出、リアルタイムに違和感をもたない自然な制御へと自動運転をカスタマイズすることも可能である。脳波による自動運転操作にあたっては、運転操作に関連する行動準備電位（自発的に動作を行う約0.5秒前に発生する脳波）をリアルタイムで検出する。ドライバーが操作に感じる違和感は、ドライバーが思い描いた運転と、実際に行われている運転が違うと感じた際にエラー関連電位を検出する仕組

---

19　未来のディスプレイは、コンタクトレンズの姿でやってくる：米企業が目指す「見えないコンピューティング」の世界

▶ 図表 2 − 8 脳波でデバイス操作

（出所） WIRED「日産のクルマは将来、「考える」だけで回避できる」、NEXT MOBILITY「日産自動車、ドライバーの脳波測定による運転支援技術を開発」

みとなっている[20]。

　テスラ社（Tesla, Inc.）イーロン・マスクCEOが手がけるNeuralink社は、直径 4 ～ 6 マイクロメートル（頭髪の 4 分の 1 ）の糸状のものを脳に埋め込み、直接スマホを操作するBMIを開発。「N1」と呼ばれる頭蓋骨に固定した約 4 ミリ四方のチップと連結し、脳の信号は耳の裏に装着するデバイスに集約され、Bluetoothでスマホへ連携される。2020年に対人実験の実施を予定している[21]。

　同社は2020年 8 月26日に、開発中のBMIの進捗状況を発表。披露された脳埋め込みチップ「LINK V0.9」は従来に比べて、装置をコインほどの大きさに小型化し（23mm × 8 mm）、無線によるデータ送信機能を内蔵する等、大幅に進化させた。また、装置を埋め込む外科手術用ロボットや 2 カ月前に埋め込んだ豚によるデモを披露するなど、最新の成果を発表した。

---

20　日産自動車「脳波測定による運転支援技術」、Youtube「【#CES】ドライバーの脳波測定による運転支援技術を開発」
21　Elon Musk & Neuralink「An integrated brain-machine interface platform with thousands of channels」、GIZMODO「ついに始まる、脳直結インターフェースの時代。イーロン・マスクのAI危機対策として」

## 2.2.4 展　望

　これらのナチュラルインターフェースが実用化されるためには、①技術としての完成度（入力精度や使いやすさ）、②価格面（低廉化）、③プライバシーや倫理面を評価する必要がある。

　Googleのジェスチャーインターフェース「Motion Sense」は、手を振るといった比較的大きな動作だけでなく、たとえば、時計の竜頭を回す動きや、指先で物を掴む動きなどのより細かい動きやニュアンスを検知する技術を研究開発している。また、操作したときの振動といった触覚の実装も実用化に向けては重要となり、これら①技術完成度の向上が見込まれ、今後の普及次第で②価格面の低廉化も進むことが期待される。

　インプランタブルデバイスはスウェーデンのように一部の国・地域で導入が進むが、英国において規制に向けた提言がなされている[22]等、③プライバシーや倫理面での懸念が存在する。

　BMIは、実環境下では計測がむずかしく、インプットとなるデータ量が膨大であることから、精度向上に向けては膨大なデータ収集とデータ処理能力が必要である。また、電極を人体に埋め込む侵襲型の脳活動計測機器は、③プライバシーや倫理面（特に、人体への影響）もあり、一般利用に向けては、電極を人体に埋め込まない非侵襲型の脳活動計測機器の開発が進むと考えられるが、実用化に向けては10年以上を要すると見込まれる。

---

22　Government urged to investigate ethics and applications of brain, body and machine-merging technology

## 2.3　トレンド②　AIアシスタントの搭載と連携

### 2.3.1　概　　要

　AIアシスタント（別名：パーソナル・アシスタント）とはユーザーとの対話
を通じて、個人のタスクやサービスを実行するソフトウェアサービスであ
る。iPhoneに搭載されている「Siri」やAndroidスマホに搭載されている
「Googleアシスタント」などが代表例である。多様なデバイス開発の進展と
ともに、AIアシスタントもそれらデバイスに搭載され、いつでも、どこで
も、AIアシスタントによるサービス利用、操作が可能となりつつある。加
えて、単一デバイスからさまざまなAIアシスタントを利用できるようにす
る取組みも進められており、AIアシスタントを起点としたあらゆる機能へ
の簡便なアクセスが実現しようとしている。

### 2.3.2　背　　景

　AIアシスタントは現在、スマホだけでなく、「Amazon Echo」といったス
マートスピーカーや、「Apple Watch」や「AirPods」などのウェアラブル
デバイス、車、家電製品など、さまざまなデバイスに搭載されており、AI
アシスタントは私たちの生活空間に溶け込みつつある。ただし、たとえば、
「Googleのスマートスピーカーには、Googleに対応した製品が必要」という
ように、自身のスマートスピーカーに対応した専用機器を購入しなければな
らず、ユーザーの負担になっていた。

### 2.3.3 事　　例

**■ AIアシスタントの搭載**

Amazonは2019年 9 月に、AIアシスタント「Alexa」を搭載したイヤホンやスマートグラス、スマートリング等、15種のデバイスを発表した。ウェアラブルデバイスに加え、安価かつコンセントに収まるサイズの小型デバイス「Echo Flex」も提供し、 1 部屋に 1 台設置できるようにしている[23]。

ほかにも、Sonyは、自社が提供するAndroid OSを搭載したテレビ「BRA-VIA」にGoogleのAIアシスタント「Google Assistant」を2018年に実装。

テレビリモコンによりユーザーの音声を取得、コンテンツ検索等が可能となっている。ダイムラー社は、自社が2018年より展開する新型自動車に独自のAIアシスタント「MBUX (Mercedes-Benz User Experience)」を搭載。

「MBUX」は、目的地までの道筋の提示や音楽、車内温度の設定等が自然言語によって実施可能となっている。

**■ AIアシスタントの連携**

2019年12月、AIアシスタントを開発している大手 3 社（Amazon、Google、Apple）とZigbee Allianceは、スマートデバイス間の互換性を高めるための新たな接続規格「Connected Home Over IP」を開発するワーキンググループを発足した。本規格の目的は「デバイスメーカーの開発作業の簡素化」と「コンシューマーのための互換性強化」である（**図表 2 − 9**）。

新たな規格は、①インターネットプロトコル（IP）に基づくことでデバイス、アプリ、クラウド間の通信を可能にすること、②デバイス認証のネットワーク技術を定義している。セキュリティを強化したロイヤリティフリーな規格を開発し、採用を奨励することでスマートデバイスの安全性、信頼性を高め、メーカーの違いなどの垣根を越えてスマート機能が利用可能となる。

---

23　ITmedia PC USER「スピーカーを超えてメガネや指輪まで　もっと生活に溶け込んでいくAmazon Alexa」

▶ **図表2－9　AIアシスタントの搭載と連携**

（出所）　ITmedia PC USER「スピーカーを超えてメガネや指輪まで　もっと生活に溶け込んでい
　　　　く Amazon Alexa」

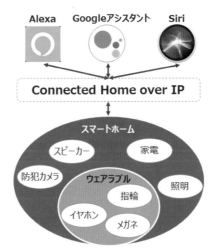

（出所）　Appleプレスリリース「Amazon、Apple、Google、Zigbee Allianceと委員会によりワーキン
　　　　ググループを結成、スマートホームデバイス向けにオープンスタンダード開発をめざす」

結果、どんなデバイスからでも状況や好みに応じて各社のAIアシスタント
を呼び出すことができるようになり、AIアシスタントのさらなる普及と機
能向上が期待される[24]。

---

24　Appleプレスリリース「Amazon、Apple、Google、Zigbee Allianceと委員会により
　　ワーキンググループを結成、スマートホームデバイス向けにオープンスタンダード開発
　　をめざす」

### 2.3.4 展　　望

　1つのデバイスに複数AIアシスタントを実装するためには、プライバシー保護やセキュリティの観点から、すべてのAIアシスタントがオンデバイス[25]で実行される必要があり、各社のさらなる開発が求められる。また、各AIアシスタントにおけるデータの取得や活用の範囲についてユーザーに明示する必要がある。そのため、1つのデバイスに複数AIアシスタントを実装する取組みは始まったばかりであるが、各社オンデバイスAIの実現に向けた技術開発が進むことが予想される。また、ユーザー視点ではAIアシスタントごとに異なるデータの取得・活用範囲を十全に理解することはむずかしいことから、複数AIアシスタントを束ねた統一インターフェースの開発が予想される。

---

25　クラウド上が中心だった処理を、機器内で実行すること

# 03 認　　証

## 3.1　最新テクノロジートレンド

**KEYWORD** 顔認証技術の高精度化と社会実装の進展　● ● ● ● ● ● ● ●

　舞台はオペラ座のような巨大なコンサートホール。記憶力を試すクイズ番組に出演している男性に最終問題が投げかけられる。

> **司会者**　This morning, you created online banking password. What is it？（今朝、あなたがつくったオンラインバンキングのパスワードは？）
>
> （会場がどよめく……）
>
> **男性**　Oh, dear. OK, It's mine.　（OK、それは私のものだからね）

　といったものの、男性はパスワードが思い出せない。そのまま時間が経過し、観衆からは「思い出せてないよ！」とあおられてしまう。タイムアップ直前、男性は右手にあるiPhoneに顔を向けると、Face IDでパスワードが自動入力されて、パッとカフェで目を覚ます。最後に「Your face is your password（あなたの顔がパスワード）」で動画が終わる。

　これはApple社「iPhone」の顔認証機能「Face ID」のCMである。近年、顔認証技術の進展が目覚しい。「Alipay」や「Wechat Pay」などのQRコード決済が常識となった中国ではいま、脱QRコードが進みつつある。

2017年9月に、アリペイが杭州市のフライドチキンチェーン店舗で「Smile to Pay」という顔認証決済サービスを導入して以降、すでに中国にある1,000店舗近くのセブン-イレブンに導入している。顔認証決済では現金も、カードも、スマホもいらない。QRコード決済では一人当りのレジ処理時間が5.6秒かかったが、顔認証では2.8秒に短縮したという[26]。

　ここでは、認証のトレンドについて解説する。認証の定義は「対象の正当性や真正性を確かめること」であり[27]、認証手段は大きく3つで①生体認証[28]、②所持認証[29]、③知識認証[30]がある（**図表2-10**）。

▶ **図表2-10　認証のトレンド**

| 認証の構成要素 | 表出している主な課題 | 認証のトレンド |
|---|---|---|
| **認証技術**<br>**アクティブ認証**（ユーザのアクションが必要）<br>**パッシブ認証**（ユーザのアクションが不要）<br>**認証インフラ** | **堅牢性と利便性の両立**<br>・認証手段において、他人受入率の低下は、本人拒否率の上昇を招き、堅牢性と利便性の両立が課題<br><br>**生体認証の実用化**<br>・生体認証の実用化には、普遍性（誰もがもっている）、唯一性（本人のみがもつ特徴）、永続性（時間が経っても変化しない）の3要素が必要<br><br>**ID/パスワードによる認証の限界**<br>・8割のユーザはパスワード管理の手間から パスワードを使いまわしてしまい、1つのパスワードが第三者に突破された場合のリスクが増加<br>・手軽でセキュアな認証である生体認証が注目 | 解説 **生体認証の開発・実用化**<br>**顔認証技術の社会実装**<br><br>解説 **認証手段の標準規格整備（FIDO/FIDO2）**<br>**FIDO／FIDO2の実装** |

（出所）　日本総合研究所作成

26　FinTech Journal「QRコードはもう古い、アリババやテンセントが進めるのは「顔認証決済」」
27　IT用語辞典
28　ユーザー自身の身体的特徴（指紋、声紋、虹彩、静脈パターンなど）によってユーザー確認を行う方法
29　ユーザーがもっている所有物（ICカード、ワンタイムパスワードなど）によってユーザー確認を行う方法
30　ユーザーが知っていること（ID・パスワード、秘密の質問など）によってユーザー確認を行う方法

　また、認証はユーザー側からの主体的な行動有無の観点から、「アクティブ認証」と「パッシブ認証」に分類される。

　アクティブ認証は、"認証を受けるユーザーが何らかの操作をする"認証で、パスワード等の知識認証や、生体認証における指紋や静脈といった身体的情報を読み込ませる行動など、ユーザー側が何か行動を必要とする認証する方法である。

　それに対してパッシブ認証は、"ユーザーの操作を必要としない"認証のことである。たとえば、ライフスタイル認証という認証は、ユーザーの行動パターンを記録し、ユーザーがアクセスしてきたときに、その行動パターンと現在の行動パターンが一致するかどうかで、そのユーザーが正当なユーザーであるかを判断する。なお、生体認証も、自動的に顔を認識して判断するといった対象者に特別な操作を求めず、顔や動作から本人を特定する技術はパッシブ認証に該当する。

　本書では、認証のトレンドとして、社会実装が進む生体認証の開発・実用化と、認証手段の標準規格整備（FIDO/FIDO2）を取り上げて解説する。

## 3.2　トレンド①　生体認証の開発・実用化

### 3.2.1　概　要

　第三者により複製されにくく、パッシブ認証に活用しやすい生体認証の開発が進展している。顔認証技術とは、画像や動画から人物の顔を検出し、瞳と瞳の間隔や鼻の幅といった特徴を抽出、データベース上に登録された顔と照合することで本人認証を行う生体認証の1つである。

　生体認証の実用化には、普遍性（誰もがもっている）、唯一性（本人のみがもつ特徴）、永続性（時間が経っても変化しない）の3要素が必要である。顔（3D）、目（虹彩など）、手（指紋、静脈など）、口（音声など）などの身体的部位が生体認証で利用されることが多いが、上述の3要素に優位性のある顔認

証の開発が進展している。

　顔認証技術の開発・高精度化は進展しており、グローバルで社会実装も進んでいる。その利便性の高さから実装が進む一方、画像をもとに監視・追跡が可能なことから、個人の自由や権利の確保を目的とした規制強化の動きが欧米を中心に広がっている。

## 3.2.2　背　景

　顔認証技術の発展の背景としては、顔認証技術は、①認証に専用機器を必要としない（カメラで対応可能）、②生体情報が短期間で変化しない、③分析データを収集しやすいこと、があげられる。特に、顔写真のデータを大量に保有するプラットフォーマー（Google、Microsoftなど）においては高精度の顔認証技術が開発されている。

### ①　認証に専用機器を必要としない

　静脈や指紋による認証の場合は、それぞれを読み取る専用のデバイスが必要となる。顔認証の場合は、一般的なカメラで認証可能となっており、導入コストが低い。

### ②　生体情報が短期間で変化しない

　顔は静脈や指紋等と比較して短期間で変化しにくく、永続性の要件を満たしている。指紋は季節等、湿度に応じて変化しやすく、静脈は温度に応じて血管が収縮する場合がある[31]。

### ③　分析データを収集しやすい

　静脈や虹彩、指紋等は、主に認証を目的として個別にデータを収集する必要があることから、データ量が少ない。一方で顔認証の場合は、写真や動画等をベースにデータ分析が可能であるため、前述の生体情報と比較して、流通しているデータ量が多い。

---

31　日経XTECH「濡れた指、乾燥した指——指紋認証の実際」

### 3.2.3　事　例

#### ■ 顔認証技術の社会実装の進展

　法務省は、観光立国の実現のため、日本人の出帰国手続および外国人の出国手続を合理化し、より多くの入国審査官を外国人の審査に充て、審査の厳格さを維持しつつさらなる円滑化を図ることを目的として、顔認証技術の活用に取り組んでいる。法務省出入国在留管理庁はパナソニックの顔認証技術を採用のもと、全国 7 カ所の空港（羽田、成田、中部、関西、福岡、新千歳、那覇）に顔認証ゲートを導入し、運用開始を始めている[32]。

　また、JALやANAといった航空会社や航空連合スターアライアンスは搭乗手続における本人確認手段としてNECの顔認証技術を導入予定。チェックイン時にパスポート・搭乗券・顔データ等の生体情報を紐づけて登録すると、その後の手続（手荷物預け、保安検査入口、搭乗ゲート）において、搭乗券やパスポートを提示することなく「顔パス（ウォークスルー）」で通過できるようになる（図表 2 −11）。

▶ **図表 2 −11　空港への導入**

（出所）　週刊アスキー「羽田に導入されたパナソニックの顔認証ゲートは新しい形の「おもてなし」だ」

（出所）　ビジネス+IT「ANAとJALも採用予定の「顔認証技術」、一方米国では規制が進むワケ」、AvitationWire「成田空港、顔パス搭乗20年春から　日本初、NECの顔認証システム採用」

---

32　法務省「顔認証ゲートの更なる活用について（お知らせ）」
　　http://www.moj.go.jp/nyuukokukanri/kouhou/nyuukokukanri07_00168.html

NECの同技術は、すでにアトランタ国際空港やジョン・F・ケネディ国際空港、ブラジルの主要14国際空港等ですでに導入されている[33]。

　次に社会システムとしての活用であるが、中国とインドで導入に向けた動きがある。中国では、高齢者の年金受給資格の認証に「Alipay」の顔認証を用いる実証実験を2019年5月に実施している。事前に「Alipay」サービスに登録しておくことで、在宅で顔をスキャンするだけで認証が可能となる。インドでは、犯罪対策の一環として、インド全土に監視カメラを設置し、取得した顔データを一元管理するシステムを構築することを計画しており、2019年10月より、システム構築に向けた入札を開始している[34]。

### 3.2.4　展　　望

　ディープラーニング等技術発達に伴い顔認証技術の精度改善、社会実装が進む一方、その運用にあたっては、個人のプライバシーを考慮する必要がある。欧米を中心に、顔認証技術に対する規制強化の動きが進んでおり、たとえば、サンフランシスコでは、市民の権利と自由を脅かすとして、警察等同市当局による顔認証監視技術の利用を禁止する条例案を2019年5月に可決している。また、MicrosoftやGoogle、Amazonといったプラットフォーマーによる自主的な取組も始まり、2018年12月に、Microsoftが顔認識技術には政府による規制や業界による規定の整備が必要と主張し、自社内における行動規範を策定したほか、Googleが、技術および倫理的な課題が解決されるまでは顔認識APIを提供しないことを宣言している。そのほか、顔認証技術はカメラ等で取得した画像を処理する性質上、特に屋外での運用には天候や光

---

33　ビジネス+IT「ANAとJALも採用予定の「顔認証技術」、一方米国では規制が進むワケ」、AvitationWire「成田空港、顔パス搭乗20年春から日本初、NECの顔認証システム採用」

34　AFPBB「アリペイの「顔認識」機能で年金の受給資格認証 安徽・合肥で試行」、SankeiBiz「インド、全土に顔認証カメラ計画　犯罪対策　システム入札あす開始」

といった要因により十分に機能を発揮しにくいシーンが存在する。

　今後の方向性としては、顔認証技術を規制する法制度の整備に加え、Microsoftや Google、Amazonといったプラットフォーマーによる、独自の行動規範の確立が進むと考えられる。顔認証技術が機能しにくいシーンにおいては、それを補完する赤外線レーザー技術を用いた「Jetson」（後述）のような認証技術が活用される等、棲み分けが進展し、加えて、これら複数認証技術をあわせた認証の多要素化が進むことが予想される。

---

**TOPIC**

## 遠隔からの心拍による本人識別「Jetson」

　米国防総省は、赤外線レーザーを用いて、200メートル先の人間の心拍に基づく皮膚表面の動きを取得し、本人識別を行う技術「Jetson」を開発している（図表 2 −12）。

　遠隔からの生体認証としてはすでに顔認証技術が実用化されているが、心拍は人によって特徴が異なり偽装しにくいことに加え、レーザー照射により 200メートルもの遠隔から識別ができる点が優位性となっている。実用化が進めば顔認証よりも利便性・堅牢性の高い認証手段となりうる。

▶ **図表 2 −12　遠隔からの心拍による本人識別**

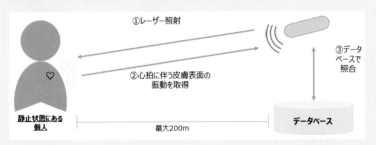

（出所）　MIT Technology Review「The Pentagon has a laser that can identify people from a distance—by their heartbeat」、engadget「レーザーで心拍を読み取るする生体認証技術、米国防総省が開発中。射程距離200m以上」

現状では95%以上の精度があるとされているが、心拍の取得に約30秒要するほか、対象が薄着であり静止している必要があることやあらかじめ心拍の特徴に関する個人のデータベースを用意しておく必要がある等、課題も存在している。

## 3.3　トレンド②　認証手段の標準規格整備（FIDO/FIDO2）

### 3.3.1　概　　要

　パスワード認証に代わるオンライン認証として、生体情報による認証を標準化したFIDO認証が注目を集めている。FIDOは、認証技術の標準化団体FIDOアライアンス（2012年設立）が策定した認証に関する仕組みである（**図表２−13**）。

▶ **図表２−13　FIDO認証の概要**

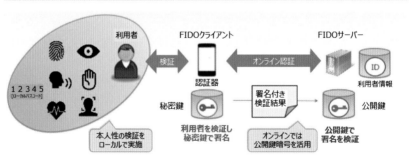

（出所）　Fido Alliance公式Webサイト「20200303 ISR プライベートセミナー：パスワードのいらない世界へ」

　一般的なIDとパスワードを使った認証では、サービス側のサーバに大事な情報を渡しているので、インターネットを通じて送信する際に盗聴されるリスク、サーバから漏れるリスクが発生する。一方、FIDO認証はパスワードなどの情報を送らない代わりに、ユーザーの「公開鍵」と「署名（本人であることを証明する文字列）」という、誰にみられても問題がない情報を送る。ユーザーの大事な生体情報と「秘密鍵」は、ユーザーのスマホなどの端末において厳格に保管され、サーバに送る必要がないため、より安全なログインが可能になる。

### ■ FIDO2の整備

　FIDOは、2014年から「FIDO UFA[35]」と「FIDO U2F[36]」の仕様化を公開・推進してきた。しかしながら、導入には専用の機器が必要というハードルがあり、普及は限定的であった。そこで2016年より、FIDO AllianceとWeb技術の標準化団体W3C（World Wide Web Consortium）は専用機器が不要で、Webブラウザでのログイン時に「FIDO」認証が可能となる「FIDO2」の実現に向けて整備を開始した。FIDO2は具体的には、APIの①WebAuthn（Web認証）とプロトコルの②CTAP[37]の仕様からなる（**図表2−14**）。

### ① WebAuthn（Web認証）

　2016年にFIDO AllianceからW3Cへ案が提出され、2019年3月にログイン用の正式なウェブ標準にすることを発表された。Webブラウザに表示されるウェブコンテンツからJavaScriptでFIDO認証器を呼び出し、認証サーバとのやりとりでFIDO認証を可能にする。これにより、ユーザーは、利用しているデバイスや生体認証、あるいはFIDOセキュリティキーを使って、自分のオンラインアカウントにログインできる。WebAuthnはすでに、「Win-

---

**35**　主にスマホの利用を想定し、生体認証などの認証手段を用いて、パスワードをまったく使わない認証（パスワードレス）シナリオを実現する
**36**　主にPC上でWebブラウザの利用を想定した二要素認証を実現する（パスワードで第一認証をした後、セキュリティキーに触れるなどの簡単な動作を第二認証とする認証シナリオ）
**37**　Client-to-Authenticator Protocol（CTAP：デバイス間連携仕様）

▶ 図表 2 −14 「FIDO2」の整備と仕様

**「FIDO」仕様の整備**

| 仕様 | 策定年 | 対象 | 概要 |
|---|---|---|---|
| FIDO 2 | 2018年 | ブラウザ | Webブラウザでのログイン時の認証。 |
| FIDO UAF | 2014年 | アプリ | スマートフォンアプリやPCソフトウェアにおける生体認証。 |
| FIDO U2F | 2014年 | アプリ・ブラウザ | 認証をユーザーID・パスワードで行い、2段階認証としてUSBやNFC、Bluetooth対応のキーを通じた認証を行う。（ブラウザ認証に際してはセキュリティキーを用いる） |

FIDOの利用可能範囲拡大

WebAuthn（Web認証）

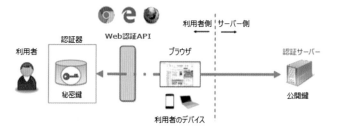

CTAP（Client-to-Authenticator Protocol：デバイス間連携仕様）

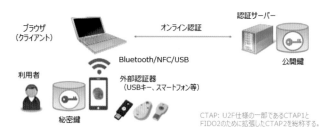

CTAP: U2F仕様の一部であるCTAP1とFIDO2のために拡張したCTAP2を総称する。

（出所） Fido Alliance公式Webサイト「FIDO認証の概要説明」「FIDO2〜パスワードのいらない世界へ」

dows 10」と「Android」、およびブラウザの「Google Chrome」「Mozilla Firefox」「Microsoft Edge」「Safari」でサポートされており、今後、パスワードに代わってWebAuthnの採用が広がる見込みである。

② **CTAP**

Web認証APIを呼び出すブラウザが動作するデバイスと外部認証器をBluetooth/NFC/USBを通して安全に通信する仕様で、上述のWebAuthnを補完するプロトコルである。これにより、デバイスごとのFIDO認証鍵の再登録を不要とし、外部認証システム（FIDOセキュリティキー、モバイルデバイス）を利用して、パソコンやタブレットなどへログインすることが可能になる。WebAuthnとCTAPからなる「FIDO2」により、専用機器が不要となるため、スマホ上でのWebブラウザの「FIDO」認証が可能となるほか、デスクトップでのログインに際してスマホによる認証が可能となり、手元にあるパソコンやスマホがそのままFIDO2対応機器となる[38]。

### 3.3.2 背　景

認証手段の中心であるID・パスワードは限界を迎えつつある。トレンドマイクロ社の調査[39]によれば、8割のユーザーはパスワード管理の手間からパスワードを使いまわしており、1つのパスワードが第三者に突破された場合のリスクが増加しているという。そのため、手軽でセキュアな認証である生体認証が注目を集めている。生体情報による認証を標準化したFIDO認証を推進するFIDOアライアンスは、Amazon、Facebook、Google、Apple、Microsoft、Visa、Mastercardなどの大手企業も参画し、標準化を推進している。

---

[38]　Fido Alliance公式Webサイト、「FIDO認証の概要説明」「20200303 ISR プライベートセミナー：パスワードのいらない世界へ」「FIDO2〜パスワードのいらない世界へ」
[39]　トレンドマイクロ「パスワード利用実態調査2017」

### 3.3.3 事　　例

#### ■「FIDO2」の実装事例

　Yahoo! Japanは、2018年9月より、サービス提供者として世界で初めて「FIDO2」の商用導入に対応。Webブラウザ「Google Chrome」上でYahoo! JapanのWebサイトにログインする際の認証において、「FIDO2」に基づく

▶ **図表 2 −15　ウェブブラウザ上でのログインが指紋認証などの生体認証に対応**

**生体認証の端末登録**

**生体認証ログイン（端末登録後）**

（出所）　Yahoo!「ヤフー、Androidスマートフォンのウェブブラウザー上でのログインが指紋認証などの生体認証に対応」

生体認証を利用可能としている（**図表2−15**）。

　利用にあたって、ユーザーはYahoo! JapanのWebサイト上で、生体認証を用いるデバイスを登録する。この際に、登録するデバイス内にユーザーの生体情報（指紋）も登録する。認証の際には、スマホ内で生体情報を照合し、照合結果のみをYahoo! Japanのサーバに送信してログインするため、Yahoo! Japan自体はユーザーの生体情報を保存しない。これにより、ログイン時間がパスワード入力時と比べて、37.5％減少した[40]。

　ほかにも、LINE Payは2019年9月、世界で初めてモバイルペイメントアプリ（LINE Pay アプリ）に「FIDO2」を搭載、NTTドコモは2020年3月にFIDO認証を活用したdアカウントのパスワードレス認証（パスワード入力欄がなくなる）の提供を開始し、Android OS端末におけるFIDO2認証の提供を2020年6月に開始している。

### 3.3.4　展　　望

　2019年はFIDO対応のプラットフォーム化が進んだ。Google ChromeやMicrosoft Edge、Mozilla Firefox、Apple Safari、Operaといった各ブラウザ、Android（7.0以降）やWindows 10（Windows Hello）のデバイスがFIDO2をサポートするようになり、これにより、20億台以上のデバイスがFIDO認証に対応することになった。利用可能な製品やサービスが増えたことで、FIDO導入の機関・企業数はますます増加していくと予想される。

　また、2019年6月、FIDOアライアンスは、"IoT Technical Working Group"（IoTに関する技術作業部会）を新しく設立。IoTデバイスへの包括的な認証フレームワークを提供し、IoTのセキュリティ標準の欠如等による問題に取り組み、IoT時代に向けての市場導入の推進も進めている。

---

**40**　FIDO2〜パスワードのいらない世界へ
　　https://www.slideshare.net/FIDOAlliance/fido2-154731613

国内におけるFIDO認証の導入は、2017年10月みずほ銀行のFIDO認証による生体認証でのログイン機能提供開始をきっかけとして、金融機関、通信事業者、インターネットサービス事業者など多数に及ぶ。FIDO2認証については、Yahoo! Japan（世界初商用導入）やLINE Payなど、世界に先駆けて導入が進んでいる。海外においても、Bank of AmericaやGoogle、Intuit、米国連邦調達庁、英国の国民保険サービス（NHS：National Health Service）などFIDO認証の導入が進んでいる[41]。今後、さまざまなサービスにおいて、FIDO／FIDO2認証を活用する動きが出てくると予想される。

# $04$ IoT・ネットワーク

## 最新テクノロジートレンド

**KEYWORD** IoT時代を支えるネットワーク環境の進展 ● ● ● ● ● ● ●

　本格的なIoT時代の到来が近づくなか、それを支えるネットワーク環境の整備が進展している。IoTとは「Internet of Things」の略語であり、「モノのインターネット」と訳される。簡単にいえば、身の回りのあらゆるモノがインターネットにつながる仕組みのことである。たとえば、工場内の機械の稼働状態やドアの開閉状態など離れたモノの状態を可視化したり、危険な場所に設置されたモノをリモートで操作したりすることが可能となるなど、新しい商品やサービスの創出が期待できる。こうした実世界とサイバー空間との相互連携のことをCPS（Cyber Physical System）と呼ぶ。IoTの構成要素のうち、デバイスやデータ分析に関するテクノロジーはそれぞれ他節で取り上げるため、本節では、センサー、ネットワーク、プラットフォームのレイヤーを中心に解説する（**図表 2 － 16**）。

　インターネットに接続するデバイスの増加やデータ通信量の増大に伴い、さまざまな課題が表出している。たとえば、高速でのデータ処理・分析へのニーズが高まる一方で、従来のデータ分析をすべてクラウド上で行うアーキテクチャではレイテンシー（応答遅延）が発生し、その要件を満たすことがむずかしい。そうしたなか、エッジと呼ばれるデバイス側でデータ処理を行うアーキテクチャに注目が集まっている。

▶ 図表2-16　IoTの構成要素

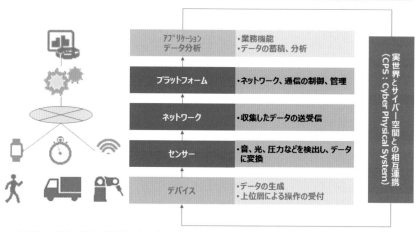

(出所)　経済産業省「情報経済小委員会　中間取りまとめ報告書」をもとに日本総合研究所作成

　また、増加するIoT機器の運用にあたっては、セキュリティ面での課題が表出している。ネットワークに接続されるIoT機器の増加に伴い、サイバー攻撃の対象が増加、その影響範囲が拡大している。IoT機器は性質上、長期間運用されるものや人手による監視が行き届きにくいものが存在することから、サイバー攻撃を検知しにくい場合や、長期間攻撃が続いてしまうケースが発生する。ネットワークのレイヤーについては、データ輻輳による性能劣化や通信コストの負担や無線ネットワークのカバーエリア拡大が大きな課題となっている。本節では、IoTの普及、発展に不可欠な5Gおよび広域無線通信網の整備を取り上げて解説する（**図表2-17**）。

▶ 図表 2 −17　IoTのトレンド

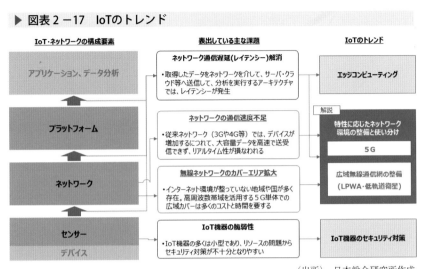

（出所）　日本総合研究所作成

## 4.2　トレンド①　5Gの整備

### 4.2.1　概　要

#### ■ 5Gの特徴

　5Gは、第5世代移動通信システムの略で、1G、2G、3G、4Gに続く無線通信システムである。大きく3つの特徴があり、4Gを大きく上回る最大20倍の「高速・大容量」通信が実現するほか、1ミリ秒程度の「超低遅延」や、キロ平方当り100万台の機器接続を可能とする「多数同時接続」といった新たな性能が追加される（**図表 2 −18**）。

#### ■ 標準化・実用化動向

　5Gの標準化は、2018年6月、標準化団体「3GPP[42]」にて、フェーズ1

---

**42**　3rd Generation Partnership Projectは、3G・4G等の仕様を検討、標準化することを目的とした標準化団体、1998年設立。

| 要件 | 4 G | 5 G | 4 G対比 |
|---|---|---|---|
| 通信容量(下り) | 1 Gbps | 20Gbps | 20倍 |
| 遅延 | 10ミリ秒 | 1ミリ秒 | 1/10 |
| 同時接続数 | 3万台/km2 | 100万台/km2 | 30〜40倍 |

（出所）　日本総合研究所作成

（リリース15）にて基本仕様が策定され、続くフェーズ2（リリース16）において、5G機能強化に向けた仕様標準化が2020年7月に完了した。商用に向けた取組みとしては、2019年4月に米国、韓国で5Gのモバイル向け商用サービス開始しており、日本は2019年9月ラグビーW杯にあわせてプレ商用を開始、2020年春から大手キャリアにおいてサービスの提供がスタートした。

■　要素技術

5Gでは、4Gで使われてきた3.6GHz以下の周波数のほか、3.6GHz〜6GHz帯と28GHz帯が利用される。周波数が高くなると、伝送距離が短く、直進性が強いため、建物等の遮蔽物の影響を受けやすくなる。こうした、高周波数を用いることによる弱点の補完および超高速・大容量化を実現するための技術開発が行われている。たとえば、多数のアンテナを使用してデータの送受信を行う技術「Massive MIMO（マッシブ・マイモ）」や、電波を特定方向に向けて集中的に発射する技術である「ビームフォーミング」などがある（図表2−19）。

▶ 図表2－19　5Gで活用される周波数帯と特徴

| 周波数帯 | 概要 | 課題 |
|---|---|---|
| ～6GHz<br>(サブ6GHz帯) | ・従来の移動通信でも使用されている帯域<br>・技術的課題が少ない、従来資産を流用可能 | ・すでに利用されており、まとまった帯域を確保できない<br>(IoT機器の増大に対応できない) |
| 28GHz帯<br>(ミリ波帯) | ・まとまった帯域が確保でき、高速・大容量通信が可能 | ・伝送距離が短く、直進性が高いため、建物等の遮蔽物の影響を強く受ける<br>・実績が乏しく、技術的な課題が多い |

（出所）　日本総合研究所作成

## 4.2.2　背　景

　1980年代に実用化された1Gでは、アナログ携帯電話などによる通話に利用された。2Gになると、回線はデジタル化され、携帯電話を通じたテキストメールの送受信などのサービスが実現されている。3G以降、国際電気通信連合（ITU）が定める規格に準拠したグローバル標準の通信システムとなる。スマホが主流の端末となり、画像や音楽のダウンロードサービスが実現し、現在主流の4G環境では、リッチなコンテンツを含むSNSを誰もが当たり前のように使いこなし、動画配信のストリーミングサービスが実現するなど、通信環境の高度化はさまざまな産業へ大きな影響を与えてきた。IoTを活用した新たなサービスの実現には、低遅延性や同時多数接続といった特徴が重要となってきたことから、5Gの仕様が検討、標準化されるに至っている（**図表2－20**）。

▶ 図表 2 −20　移動体通信の変遷

| | 1980年代 | 1990年代 | 2000年代 | 2010年代 | 2020年代 |
|---|---|---|---|---|---|
| 世代 | **1G** | **2G** | **3G** | **4G** | **5G** |
| 伝送速度 | 10Kbps | 400Kbps | 100Mbps | 1Gbps | 20Gbps |
| 端末 | アナログ携帯電話 | 携帯電話 | スマートフォン | デバイス多様化 | IoT |
| サービス | アナログ<br>音声 | デジタル化<br>テキスト<br>メール | ダウンロード<br>画像<br>音楽 | ストリーミング<br>動画<br>SNS | 双方向・メッシュ(網)<br>AR/VR(空間)<br>IoTサービス |

（出所）　日本総合研究所作成

## 4.2.3　事　例

　"高詳細映像""超低遅延""多数のカメラ／センサー"といった5Gの特徴を活かしたケースが製造業から医療まで幅広な分野で検討されている。現状の4Gでは実現がむずかしいこと、5Gだからこそ実現可能になることがある（**図表 2 −21**）。

### ■ ロボットの遠隔操作

　NTTドコモとトヨタ自動車によるロボットの遠隔操作の事例[43]は、"高速・大容量"と"超低遅延"が重視されるケースである。ロボットを正確に操作するためには、操作者は高画質で鮮明な映像をみながら、自身の操作状況をほぼリアルタイムに認識できることが重要になってくる。ロボットとやりとりする情報は映像データだけでなく、各種のセンサー情報、たとえば、物を触ったり、手にしたりしたときの硬さや柔らかさといった感覚情報等も

---

　ドコモとトヨタ、5Gを活用したヒューマノイドロボット「T-HR3」の遠隔制御に成功（2018/11/29）　https://www.nttdocomo.co.jp/info/news_release/2018/11/29_00.html

▶ 図表 2 −21　5Gのユースケース例

| 分野 | 想定される内容 | 5Gによって実現できること | 実証実験例 | 重視される要件 | | |
|---|---|---|---|---|---|---|
| | | | | 高速大容量 | 多数同時接続 | 超低遅延 |
| 製造 | ・ロボットの遠隔操作／リアルタイム制御 | 高詳細なリアルタイム映像と超低遅延による高精度な操作 | ソフトバンク・アスラテックNTTドコモ・トヨタ自動車 | ○ | | ○ |
| 土木・建設 | ・建設機械の遠隔操作・遠隔監視による予防保全 | 高詳細なリアルタイム映像と超低遅延による高精度な操作 | KDDI・大林組・NECソフトバンク・大成建設 | ○ | | ○ |
| 放送・情報通信 | ・4K/8Kライブ放送・VRライブ | 高詳細映像の配信 | NTTドコモ・NHKKDDI・NHK | ○ | | |
| スマートシティ・警備 | ・防犯システム（遠隔警備） | 多数のカメラからの高詳細なリアルタイム映像による監視、遠隔指示 | KDDI・セコムNTTドコモ・ALSOK | ○ | ○ | |
| 卸・小売 | ・リアルタイム販促（プロモーション）・店内監視カメラ(多数のカメラ監視) | 多数のセンサーやカメラから取得したデータを分析 | - | | ○ | |
| 公共サービス | ・スマートメーター・インフラの遠隔保守、点検 | 多数のセンサーやカメラから取得したデータを分析 | 北陸電力・東洋ガスメーター日本エレクトロニクス | | ○ | |
| 運輸・倉庫 | ・自動運転・トラック隊列走行・ドローン配送サービス | 多数のセンサーやカメラから取得した大量データをリアルタイムに処理して制御 | NTTドコモ・東京大学豊田通商・経産省ソフトバンク | ○ | ○ | ○ |
| 金融・保険 | ・モバイル端末、M2M即時決済・遠隔での窓口対応 | 高詳細なリアルタイム映像による遠隔サービスの提供 | - | ○ | ○ | |
| 農林水産 | ・農機の遠隔操作・生育状況等の監視 | 高詳細なリアルタイム映像と超低遅延による高精度な操作、監視 | 中西金属工業・慶應義塾大学 | ○ | | ○ |
| 医療 | ・遠隔医療 | 高詳細なリアルタイム映像による診察や熟練医師の遠隔助言等 | NTTドコモ・和歌山県日立製作所・東京女子医大 | ○ | | |

（出所）　各社公開情報をもとに日本総合研究所作成

必要になってくることから、データ送信量は多くなり、情報の高速伝達が重要なポイントになる。

■ トラックの隊列走行

ソフトバンクはトラックの隊列走行に5Gを活用している[44]。これは、5Gならではの "超低遅延" が重視されるユースケースである。先頭車両のみ有人運転で後続車両は自動運転で先頭車両を追従するものであり、「先頭車両がブレーキを踏んだ」といった情報が遅れて伝われば事故になる可能性が高くなることから、5Gの "超低遅延" が求められる。間隔が空き過ぎず、適切な車間距離が保てることで燃費の改善などの効果が期待できる。

■ スマートファクトリー

工場内の回線を有線から5Gにすることで、有線同等の多数のマシンの管

---

[44] 世界初、高速道路で5Gの車両間通信を用いた車間距離自動制御の実証実験に成功（2019/6/11）　https://www.softbank.jp/corp/news/press/sbkk/2019/20190611_03/

▶ 図表2−22　スマートファクトリーでの活用事例

（出所）　ドイツテレコム、T-Systems社のWebサイトより
　　　　https://www.youtube.com/watch?time_continue=123&v=l5ZIAbaMjY8&feature=emb_
　　　　logo
　　　　https://www.t-systems.com/de/en/success-stories/connectivity/5-g-campus-networks-
　　　　osram

理を実現するとともに、配置換え時の敷設作業をなくし、レイアウトの自由
化による効率化が期待できる。たとえば、ドイツテレコム（Deutsche Tele-
kom）は、公衆網とプライベートLTEを同一インフラ上に組み込んだネット
ワークソリューションを提供しており、照明メーカーであるオスラム社
（OSRAM）の工場に導入した。現在LTEで展開中のプライベートネットワー
クを、今後5Gへと移行していくことを計画する。産業用ロボットやフロア
を行き来する無人搬送車にプライベートネットワークを活用して制御するこ
とにより、多数のマシンの管理が必要となるミッションクリティカルな状況
においても、高信頼性と超低遅延を担保し、有線と同等のパフォーマンスを
実現している（**図表2−22**）。

### 4.2.4　展　　望

　日本における5G導入について、当初はコストを抑えつつ、円滑な導入を
実現するため既存のLTE（4G）の設備と5Gの技術を組み合わせたノン・ス

タンドアローン（NSA）での運用を予定しているため、まずは、都市部等の需要の高いエリアで、「高速／大容量」のサービスが提供される見込みである。その後、2022年〜2024年頃になると予測されるが、5Gネットワークのみで構成された、スタンドアローン（SA）運用になる。この時期から5Gの3つの特徴（「高速／大容量」「超低遅延」「多数同時接続」）を活かしたサービスが本格展開される。

## TOPIC　ローカル5G

「ローカル5G」とは、移動通信事業者（NTTドコモ、KDDI、ソフトバンク、楽天モバイル）以外の自治体や一般の企業が、各自のニーズにあった5Gネットワークを限定された場所で個別に構築・運用するものである。5G時代の通信ニーズの多様化を見据えて検討されたもので、通信キャリア以外にも5Gの周波数が解放される。スポーツや音楽イベントの会場、工場内等、公衆網と隔離した「独立性」、自身が必要な機能や場所でネットワークを構成できる「柔軟性」、公衆網で起こりえる外部トラフィックによる影響を受けない「安定性」を重視するケースでローカル5Gは有用であると考えられる。

## 4.3　トレンド②　広域無線通信網の整備

### 4.3.1　概　　要

　低消費電力で長距離通信が可能な無線通信技術である「LPWA」の活用が進展している。また、多数の小型衛星を低軌道に打ち上げることで、従来の衛星通信よりも広範囲かつ高速・低遅延な通信網を整備する低軌道衛星コンステレーションの開発が進展している。

▶ 図表 2 −23　主なLPWAの特徴整理

| | ライセンス系 | 非ライセンス系 | |
|---|---|---|---|
| | NB-IoT | SIGFOX | LoRaWAN |
| 団体・企業 | 3GPP | SIGFOX社(仏) | LoRaアライアンス(米) |
| 利用周波数帯域 | LTEと同帯域 | 800〜920MHz | 800〜920MHz |
| 通信速度 上り | 62kbps | 100bps | 0.3〜50kbps |
| 　　　　下り | 26kbps | なし(一方向通信) | 0.3〜50kbps |
| ビジネスモデル | 免許帯域を活用したIoT向け通信サービスを提供 | SIGFOX社またはパートナー会社による通信サービス提供(1パートナー/国) | 仕様がオープン。誰でもサービス提供が可能 |
| 国内利用開始時期 | 2018年ソフトバンク2019年ドコモ※3GPP(Rel.13)において標準化 | 2017年2月(京セラコミュニケーションシステムが独占) | 2017年内(ソフトバンク、KDDI、ソラコムなど) |
| 備考 | 既存のLTE環境を活用 | 機能が限定的なため、安価（1台当り100円/年) | 異業種の参入が容易。ベンチャー台頭の可能性有り |

（出所）　日本総合研究所作成

### ■ LPWA

　LPWAは、「Low Power, Wide Area」の略で、5年以上乾電池のみで動くほどの低消費電力で、電波が届く範囲が数十キロメートル以上という長距離通信が可能な技術である。無線局免許が必要な「ライセンス系」と不要な「非ライセンス系」に大別され、規格が乱立しているものの、NB-IoT、SIGFOX、LoRaWANの3方式が主流となっている（**図表2−23**）。

### ■ 低軌道衛星によるブロードバンドサービス

　多数の小型衛星を地球近傍に打ち上げネットワークを構築する低軌道衛星コンステレーションにより、地球全土にインターネットサービスを展開する取組みが進められている。

　コンステレーションとは、多数個の人工衛星の一群およびシステムを指し、複数の衛星を協調動作させて無線通信のサービスを提供しようというものである（**図表2−24**）。

▶ 図表 2 −24　低軌道衛星コンステレーションの特徴

| | 低軌道衛星コンステレーション | (参考)静止衛星 |
|---|---|---|
| 軌道高度 | 2,000km以下 | 3万6,000km |
| 衛星基数 | 数十～数千基<br>(協調動作) | 1基～ |
| 特徴 | ・高速、低遅延通信が可<br>・極域含む地球全体をカバー | ・3基で極域以外カバー可能<br>・1基当りの寿命が長い<br>・比較的低速 |
| 取組企業例 | SpaceX（米）<br>Kuiper Systems（米）<br>OneWeb（米） | 多数 |

（出所）　日本総合研究所作成

　ネットワークが地上災害の影響を受けにくくなるほか、従来は電波の届きにくかった地域においてもインターネット環境を整備することが可能となる。

　イーロン・マスク氏が創業者のSpaceX、アマゾンの子会社Kuiper Systems、ソフトバンクと業務提携したOneWebなどが、インターネット環境の整っていない国や地域等を対象とした、低軌道衛星コンステレーションによるブロードバンドサービスの提供計画を発表し、2019年より一部衛星の打ち上げを開始している。

### 4.3.2　背　　景

　5Gは、基地局やアンテナなどへ多額の投資が必要となる。一方で、5Gほどの高性能は求めないものの、低コストに運用したいというニーズは大きい。広域無線通信網は、従来はネットワークにアクセスできなかった地域で

の利用や、災害に強いネットワークインフラとしての活用も見込まれる。また、衛星通信により地球全土にインターネットサービスを展開する構想は、1990年代の米Motorolaによる「イリジウム」が存在していたが、高額な利用料やセルラー方式の携帯電話の普及によりユーザーが増えず、サービスを停止している。しかし近年では、技術革新に伴うロケットや衛星の低コスト化等を受け、こうした衛星通信を活用したインターネットサービスの提供を目指す動きが再起している。

### 4.3.3　事　例

　すでに実用化が進展しているLPWAについてはさまざまな活用事例がみられる。たとえば、Farmnote社では、牧場のすべての牛をインターネットにつなげ、リアルタイムに活動情報を収集、牛の状態を人工知能で検知することで最適な飼養管理を目指すソリューションを提供している（**図表2－25**）。

　牛の活動情報を収集し、データを取得するためにSORACOM社が提供するLPWAの通信方式であるLoRaWANが利用されている。取得したデータはクラウドに保存され、活動・反芻・休息を計算し、それら情報から繁殖で重要な発情、疾病の疑いなど注意すべき牛を自動的に選別しスマートデバイスに通知する機能を備えている。

### 4.3.4　展　望

　LPWAは低コストに広域をカバーできるネットワークとして普及が進む。また、衛星コンステレーションは地球全土に通信ネットワークを提供することを強みに、極地等特定エリアでの利用や災害時のネットワークのバックアップとしての活用が見込まれる。一方で、現在の低軌道衛星コンステレーションは、地球の自転に伴い特定エリアに通信を提供する衛星が定期的

▶ 図表 2 − 25 　牛群管理システムの事例

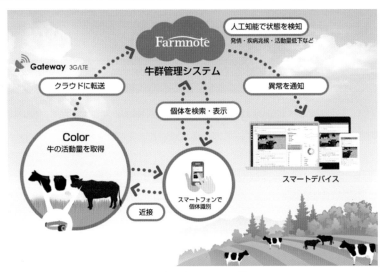

（出所）　farmnote 社HP　https://farmnote.jp/color/

に切り替わるため、そのタイミングで通信が不安定となりうることが指摘されている。人以外の動物や機械なども含め、あらゆるモノがインターネットに接続し、活動データを取得できるようになることから、金融機関においてもあらゆる場所への金融サービス提供可能性が広がるとともに、BtoCに加え、BtoB領域のクロスインダストリーの観点でビジネスを検討することが重要になると考えられる。

# 05 ビッグデータ

最新テクノロジートレンド

**KEYWORD** より速く、複数組織のデータ活用 • • • • • • • • •

　ここ数年、企業のデータ活用においては、流行語のように「ビッグデータ」という言葉が使われてきた。ビッグデータは、その特性として「Volume（量）」「Velocity（頻度）」「Variety（多様性）」の3つのVで説明されることが多い。

- Volume（量）：データの総量が大きい
- Velocity（頻度）：データの更新頻度が高い
- Variety（種類）：データの種類が多い

　ビッグデータの概念は、狭義のビッグデータと広義のビッグデータに分けられる。狭義では、これまで企業内で管理する顧客データベースや、業務データなどの「構造化データ」と、音声や映像、センサーなどから得られた「非構造化データ」が含まれる。広義としては、ビッグデータを扱うデータの蓄積・分析技術やデータサイエンティストなど人材・組織までを含んでいる。データだけでなく、それを分析する技術および技術を扱う人材も重要である（**図表2−26**）。

　こうしたビッグデータを取り巻く環境は大きく変化している。インターネットの登場・進化、コンピュータの処理速度の向上、スマホなど多様なデバイスの普及によって、ビッグデータと呼ばれる膨大なデジタルデータが

▶ 図表 2 −26　ビッグデータの定義

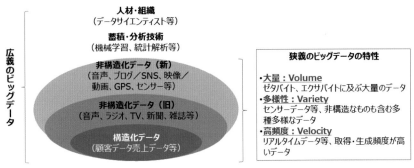

（出所）　総務省「情報流通・蓄積量の計測手法の検討に係る調査研究報告書」「平成25年版情報通
　　　　信白書」をもとに日本総合研究所作成

日々生成され蓄積している。データの発生機構が変化し、データがもたらす価値が向上することで、いままでとは異なるアプローチでデータを扱ったり、使っていなかったデータを活用するなどして、新しいサービスの創出が可能になると期待を集める。

　一方で、企業が取り扱うデータが多様化するにつれ、データの品質管理や標準化、トレーサビリティなどデータガバナンスの維持が課題となっている。メタデータと呼ばれるデータを説明する情報を付加し、データ蓄積からデータ加工まで自動的に追尾するソリューションの開発が進展している。また、より高速なデータ加工や分析需要が高まり、プライバシー保護や利便性の両立などさまざまな課題が表出している。以上の背景をふまえて、本節では、ビッグデータにおける最新テクノロジートレンドとして、プライバシー保護データマイニング技術（略してPPDM、高機能暗号と呼称されることもある）とリアルタイム処理技術の2点を取り上げる（図表 2 −27）。

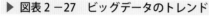

▶ 図表 2 −27　ビッグデータのトレンド

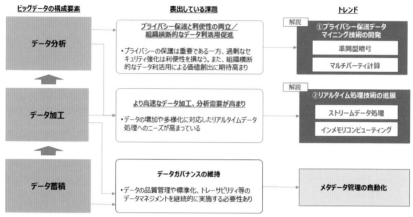

（出所）　日本総合研究所作成

トレンド①　プライバシー保護データマイニング（PPDM）

概　要

　「プライバシー保護データマイニング（PPDM）」は、プライバシーを保護した状態で、データから有用な情報の抽出を試みるためのテクノロジーの総称であり、近年では、「入力プライバシー」および「秘密計算方式」における開発が進展している（**図表 2 −28**）。

　入力データプライバシーとして、「k −匿名化（個人が特定される確率をk分の 1 以下に変換して特定をより困難にする技術）」を用いたデータの匿名加工ソリューションの提供が各ベンダにより進められている。「k −匿名化」では、準識別子（パーソナルデータのうち、組合せによって個人を識別できる属性）のデータがk件以上になるようデータを変換することで、個人が特定される確率をk分の 1 以下に低減するテクノロジーである。

　匿名加工を施すことにより第三者へ提供可能となる一方で、たとえば、氏

▶ 図表 2 −28　PPDMの類型

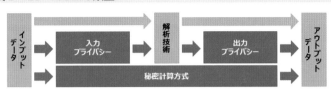

| PPDMの類型 | 概要 |
|---|---|
| 入力プライバシー<br>（匿名化方式） | 分析する元データについて、個人の特定等に結びつく可能性のあるデータを加工・削除することで、プライバシー侵害のリスクを低減する技術。 |
| 出力プライバシー<br>（摂動方式） | 出力された分析結果に対しノイズの追加を行う等の処理を加えることで、特定の個人の属性等が明らかになるリスクを低減する技術。 |
| 秘密計算方式 | 複数の参加者が存在する際に、お互いの情報を秘匿したまま分析結果のみを出力する技術。 |

（出所）　atmarkit「プライバシー保護データマイニング（PPDM）手法の種類、特徴を理解する」をもとに、日本総合研究所にて作成

名、年齢、住所といった属性データがあったときに、氏名を削除して、年齢を30代などと丸めて、住所も詳細を消すなどの処理により情報量が減ってしまうという課題がある。そこで、秘密計算方式についても注目が高まっている。これは、暗号化した状態のまま計算して、結果を得ることができる技術である。秘密計算の方式には、マルチパーティ計算と準同型暗号という2つの技術が有力である（**図表 2 −29**）。

▶ 図表 2 −29　匿名加工のイメージ

加工前

| No. | 氏名 | 年齢 | 住所 | … |
|---|---|---|---|---|
| 1 | 山田xx | 19 | 東京都品川区xxx | |
| 2 | 佐藤xx | 35 | 東京都大田区xxx | |
| 3 | 田中xx | 39 | 神奈川県横浜市xxx | |
| … | | | | |

匿名加工後

| No. | 氏名 | 年齢 | 住所 | … |
|---|---|---|---|---|
| 1 | − | 10代 | 東京都品川区 | |
| 2 | − | 30代 | 東京都大田区 | |
| 3 | − | 30代 | 神奈川県横浜市 | |
| … | | | | |

（出所）　日本総合研究所作成

■ マルチパーティ計算

　マルチパーティ計算は、国内ベンダのNECやNTTDで研究開発が盛んである。**図表２−30**のように、組織Aと組織Bの機密データを３つに分けて、３つのサーバへある特殊なアルゴリズムに沿って分割して格納しておく。利用するときは、分散されたデータから必要なデータを組み合わせて取り出して計算して結果を得る。この方式の利点は、１つのサーバをハッキングされても情報が漏えいしない点になる。一方、サーバを３つ用意する必要があり、さらにサーバ間で大量の通信が発生するので、サーバ間のネットワークを高速化しておく必要性があるため、コストが嵩むことがデメリットとして考えられる。

▶ **図表２−30　マルチパーティ計算の概略図**

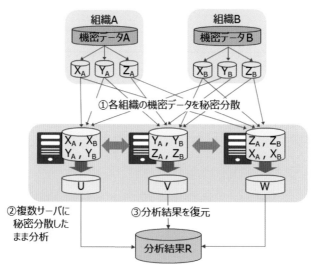

（出所）　日本総合研究所作成

▶ 図表 2 −31　準同型暗号の概略図

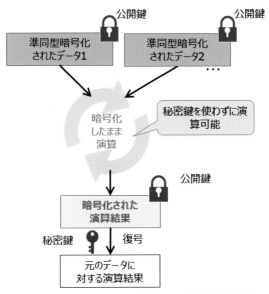

(出所)　日本総合研究所作成

■■ 準同型暗号

　準同型暗号は、暗号化したまま加算や乗算が可能な暗号化方式である（**図表 2 −31**）。

　一度も復号化することなく演算が可能である。任意回数の足し算と掛け算ができる方式は、完全準同型暗号と呼ばれるが、これは平文で計算する場合と比べて 1 億倍程度性能が劣化する。現状では性能がそこまで求められないユースケースなどの発掘が鍵となる。性能改善の研究開発は日夜進んでおり、さらなるブレイクスルーが待たれる。

### 5.2.2　背　景

　1 つの主体が有しているデータだけではなく、複数の組織や企業が保有す

▶ **図表 2 −32 金融機関を取り巻く環境**

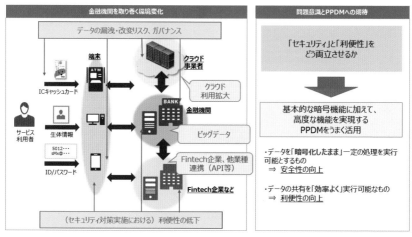

（出所）　日本総合研究所作成

るデータを持ち寄ることで、データの量・質を高め、付加価値の増大が期待
できることから、国内外で、データの業種横断的な活用や、個人のパーソナ
ルデータの流通・活用への機運が高まっている。金融機関においても、クラ
ウドの利用が促進され、さまざまな企業・組織間の業務・データの連携が拡
大しているなかで、セキュリティと利便性の両立という課題は重要なテーマ
である（**図表 2 −32**）。

### 5.2.3　事　　例

　国内外で、さまざまな企業が取組みを進めており、一部企業で先行して製
品リリースを行っているが、製品利用が広がるには至っていない。研究機関
としては、国立研究開発法人情報通信研究機構（NICT）、国立大学法人神戸
大学、株式会社エルテスが取り組んでいるプライバシー保護深層学習技術
「DeepProtect」がある（**図表 2 −33**）。

▶ 図表 2 −33　DeepProtectの概略図

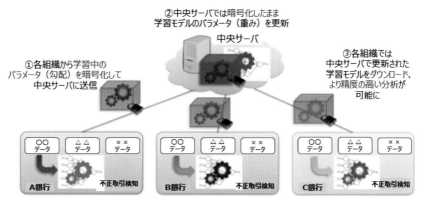

（出所）　プライバシー保護深層学習技術で不正送金の検知精度向上に向けた実証実験を開始
　　　　（2019．2．11）　https://www.nict.go.jp/press/2019/02/01-2.html

　これは、複数の組織内で学習した結果を暗号化して中央サーバに集め、中央サーバで暗号化したまま学習結果を更新できるもので、各組織が所有するデータを外部に開示することなく、複数組織が連携することで多くのデータをもとにした学習が可能となる。ユースケースとして、金融業界で課題となっている不正送金（振り込め詐欺等）の自動検知の精度向上に取り組んでいる。

　また、米大手金融機関JPモルガンは、準同型暗号技術を開発するスタートアップ「inpher inc.」に出資している[45]。投資金額はシリーズA（初期投資）の段階で1,000万ドルである。ユースケースとして、顧客データを暗号化したままAIで分析し、リスク要因、ポートフォリオの分析などに活用したい考えを明らかにしている。

---

[45]　JPMorgan Invests in Startup Tech That Analyzes Encrypted Data（2018.11.13）
　　　https://blogs.wsj.com/cio/2018/11/13/jpmorgan-invests-in-startup-tech-that-analyzes-encrypted-data/

### 5.2.4 展　　望

　今後進展が想定されるのは、情報銀行業における活用や、複数銀行でデータを持ち寄って融資判断を高度化するためAIを開発するなどの活用である。ただし、秘密計算は、データの秘匿処理というオーバーヘッドに加え、通常の計算で用いる高速なアルゴリズムを用いることができないことから、処理速度が実用レベルに達していない。処理速度向上に向けた、計算アルゴリズムの改良やデータベース検索の高速化技術の開発とともに、実証を通じたシステムへの適用性を向上させることが求められる。

## 5.3　　トレンド②　リアルタイム処理技術の進展

### 5.3.1 概　　要

#### ■ ストリームデータ処理の位置づけ・動作原理

　IoT機器・センサーから取得されるデータやSNSのデータなど、急速にデータが生成され、無制限に発生し続ける特性をもつデータは「ストリームデータ」と呼ばれる。ストリームデータ処理技術は、大量発生するデータを逐次時系列的に処理する技術である。従来一般的であるデータベース処理の場合、分析データをいったんDBに格納した後、一括処理を行う。そのため、データの発生から分析までにタイムラグが生じる。これに対して、ストリームデータ処理ではデータが発生した時点で、あらかじめ登録済みの分析シナリオを使用して即座にデータを処理する（**図表 2 −34**）。

　こうしたストリームデータ処理を行うためのエンジンとして、Twitterが公開する分散ストリーム処理OSSである「Storm」「Spark Streaming」とその競合に当たる「Flink」等が活用されている（**図表 2 −35**）。

▶ **図表 2 −34　従来方式とストリームデータ処理の違い**

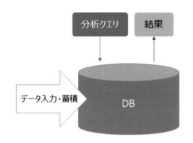

（出所）　日本総合研究所作成

▶ **図表 2 −35　ストリーム処理エンジンの例**

|  | ストリーム処理 | ストリーム処理と類似の処理性能を<br>実現する高度なバッチ処理 |
|---|---|---|
| 技術 | Apache Storm | Spark Streaming<br>Flink |
| 処理モデル | ストリーム | マイクロバッチ |
| 実行時間 | μ秒・ミリ秒〜秒 | 秒〜分 |
| 実行単位 | ストリームデータ | 蓄積データ |
| 実行契機 | 継続的実行 | アドホック・定期的実行 |

（出所）　Developers Summit 2015 Summer「Apache SparkとIBMの取り組み」を
　　　　もとに日本総合研究所作成

■ インメモリコンピューティング

　従来は、ハードディスクに存在するデータをメモリに読み出し、CPUに
よりデータ処理を行っていた。メモリの大容量化と低価格化に伴い、メモリ
に格納できるデータ容量が増加している。それにより、すべてのデータをメ
モリ上に格納し、時間がかかるハードディスクからの読み出しを割愛し、高
速・低遅延のデータ処理を可能とするインメモリコンピューティングが登
場、発展している。

　また、インメモリコンピューティングの提供が進むとともに、トランザク
ション処理とアナリティクス処理を単一のメモリ上のデータベースで一元的
に実施することで、トランザクションの結果をリアルタイムに分析する
「HTAP（Hybrid Transactional Analytical Processing：ハイブリッド型トランザ
クション／アナリティクス処理)」という概念も登場している（**図表 2 −36**）。

▶ **図表 2 −36　HTAPの概略図**

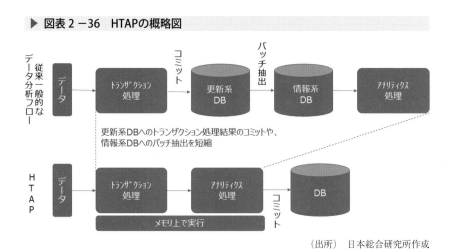

（出所）　日本総合研究所作成

### 5.3.2 背　景

　近年は、とりわけ非構造化データの生成・蓄積・流通されるデータ量が飛躍的に拡大しており、こうしたストリームデータをうまく分析活用することで、より迅速にヒトやモノの状況を把握することができ、ビジネスを有利に運ぶことが可能となる。たとえば、スマホの利用状況、位置情報、SNSの投稿内容などから、“誰がどこにいて、何をしていて、何を感じているか”、を瞬時に判断できればより最適なサービスが提供可能となる。ある人が、喉が乾いている、のであれば飲み物を勧める。イライラして感情が高ぶっているのがわかれば、近くにあるカフェを推薦する、リラックスできる音楽を流す、などの手が打てる。逆に、ストリームデータを従来のデータ分析で一般的であるバッチ処理で分析していては、最大限の効果を得ることはできない。数時間前や前日の顧客の状態が把握できたとしても、ほとんどの場合“時すでに遅し”であることは容易に想像できるだろう。

### 5.3.3 事　例

　ストリームデータ処理やインメモリコンピューティングを用いる例として、株価情報のリアルタイム更新、交通状況のモニタリング、不正アクセス検知などがある。いずれも、適切な意思決定のため、時間の経過とともにデータの鮮度が落ちると困るケースである。

　たとえば、東京証券取引所では、日立製作所のストリームデータ処理およびインメモリコンピューティングの技術を活用し、TOPIXなどの株価指数について、構成銘柄の値段が変化するつど、ミリ秒レベルで算出し、配信する指数高速配信サービスを開始している[46]。

---

[46]　株式会社東京証券取引所、株式会社日立製作所ニュースリリース（2011. 2 .22）
http://www.hitachi.co.jp/New/cnews/month/2011/02/0222.html

これにより、従来、相場の変化が指数に反映されるのに最大で１秒かかっていたものが、10ミリ秒以下で反映されることとなり、およそ100分の１に短縮されることから、マーケットの動向を素早く、より細かくキャッチして取引を行うことが可能となる。

　また、富士通は、コネクテッドカーから収集される自動車ビッグデータを活用してサービスを提供する事業者向けにストリームデータ処理基盤「FU-JITSU Future Mobility Accelerator Stream Data Utilizer」の提供を開始している[47]。

　当基盤では、ストリームデータと当該データを処理するプログラムをメモリ上に管理しているという。これから本格化していくとみられるコネクテッドカーや自動運転車の普及をとらえたもので、刻々と変わる各車両の走行状況をリアルタイムに分析することにより、渋滞や危険地点といった交通情報などを高鮮度に提供したり、車両の過去から現在の状態の分析や、未来を予測することで、自動車のバッテリーなどの故障予防保守や運転診断といったサービスを提供することが可能と考えられる。

### 5.3.4　展　　望

　ストリームデータ処理およびインメモリコンピューティングは順当に普及、浸透していくものと考えられる。ただし、メモリ価格が低減しているとはいえ、ビッグデータを扱った機械学習など大容量データの運用が必要となるユースケースにおいては、メモリのコストは大きな制約となる。こうしたなか、Intelは「Intel Optane DCパーシステント・メモリ」を2019年４月に発表した[48]。

---

47　富士通株式会社プレスリリース（2019.10.８）
　　https://pr.fujitsu.com/jp/news/2019/10/8.html
48　Intel、DDR4互換の不揮発性メモリ「Optane DC Persistent Memory」を正式発表
　（2019.４.３）　https://pc.watch.impress.co.jp/docs/news/1177812.html

　これは、ストレージより高速でメモリ（DRAM：Dynamic Random Access Memory）より安価で大容量な不揮発性（電源を落としてもデータが消えない）メモリである。新たな領域を開拓する製品であり、インメモリコンピューティング普及を後押しする可能性がある（**図表 2 −37**）。

▶ **図表 2 −37　パーシステント・メモリの位置づけ**

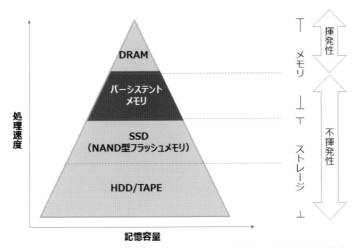

（出所）　日本総合研究所作成

# 06 AI（人工知能）

## 6.1 最新テクノロジートレンド

**KEYWORD** ディープラーニングの進化 ● ● ● ● ● ● ● ● ● ● ● ●

　AI（人工知能）は、データに基づいた学習によりアルゴリズムを構築し、正解となりうる解を識別・分析することで、人間の行う知的活動をコンピュータが代行・支援するテクノロジーであり、近年の処理性能の向上やデータ流通量の増加により急速に発展している。

　ディープラーニングは機械学習の一種であり、特徴抽出を自動学習し人間を上回るまでに精度を高められることから、世界中の注目を集めている。2010年頃より現在に至るまで、ディープラーニングを中心とした第三次AIブームが起きており、クイズのチャンピオンや囲碁のプロ棋士と戦って勝利したことが大きな話題となったことは記憶に新しい（**図表2-38**）。

　一方で、AIには、従来のIT技術とは異なる特有のリスクが存在するため、こうしたリスクをふまえて対策を講じることが重要である。一例を**図表2-39**に示す。

　限られた学習データ[49]をもとに結果を出すので、精度は100％にならない。そのため、業務特性に応じて、人間が最終判断する業務フローを構築す

---

[49] すべてを完全に網羅した学習データというのは考えにくく、データ特性が変化する可能性もある

る必要がある。また、学習データの質や量により、精度が低下したり、レピュテーションリスク[50]が発生する可能性があるため、偏りのない十分な量、質のデータを整備する必要がある。

▶ 図表2−38　AIの進化

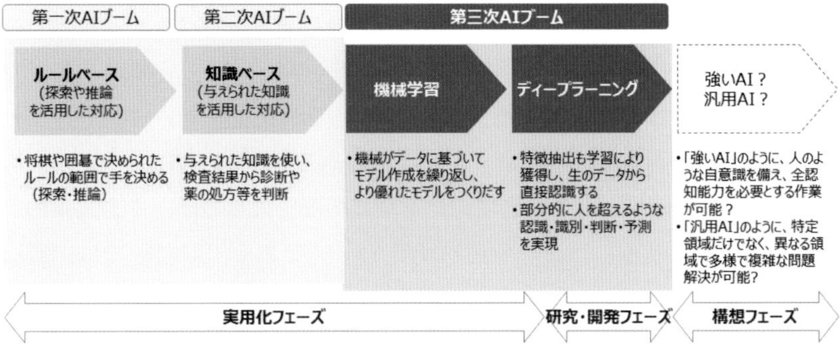

（出所）　日本総合研究所作成

▶ 図表2−39　AIのリスクと対策

| リスク | 内容 | 対策例 |
|---|---|---|
| ①回答精度 | 学習データ(過去データ)をもとに確率的な答えを出すため、回答精度が100%にならない | 業務特性に応じて、適宜に人間が最終判断する業務フローを構築 |
| ②ブラックボックス | 膨大なパラメータにより計算しており、その過程は人間には理解困難なため、結果の対外的な説明が難しい | 計算過程の説明が必要な業務では活用範囲を限定。説明可能AIなど先端技術活用を検討 |
| ③AIエンジンの特性 | 回答精度はAIエンジン(モデルのアルゴリズム)に依存 | 用途やデータに応じて適切なAIエンジンを選定 |
| ④データバイアス | 学習データの質や量により、回答精度の低下、レピュテーションリスクが発生する可能性 | 偏りのない十分な量、質のデータを用意。データ収集にはプライバシーに十分配慮 |

（出所）　日本総合研究所作成

---

50　不公平・人種差別のような結果をAIが出力することにより、企業の評判を大きく下げてしまうリスクがある。Amazonが自社で開発に取り組んでいた人材採用AIが、女性差別傾向をもつとして運用を停止する結果となったり、Google検索にて"黒人の三人のティーンエイジャー"で検索すると、逮捕後に撮影する写真が表示される（白人の場合は普通に三人の子供が集まった写真が表示）などの例がある。

図表2−40のとおり、金融サービスにおいてもAI活用は大きく進展しているが、100％の精度が求められず、説明性が重視されないチャットボットや行内業務の効率化などを中心にAI活用が先行している。

　昨今、AIの技術進化は著しく、特に自然言語処理（NLP：natural language processing）の発展は目を見張るものがある。自然言語処理とは、主に人間がコミュニケーションなどに用いている言葉を対象としたコンピュータ処理であり、機械翻訳やAIスピーカーなどに応用されている。近年は、人と見分けがつかないほど、高度な自然言語を操るAIが登場している。そうしたAIの精度向上の背景には、さまざまな課題がある（**図表2−41**）。

　たとえば、ハードウェアの処理性能不足である。大量のデータを実用的な時間内で学習させるには、一般的な演算チップであるCPUだけでは困難なことが多く、ディープラーニングの学習や推論に特化した専用チップが進展している。また、モデル学習の効率化やブラックボックス化が進展するAIの内部構造なども大きな課題である。以上の背景をふまえて、本節では、

▶ **図表2−40　金融におけるAI活用動向**

| 業務領域 | 区分 | サービス例 | 概況 |
|---|---|---|---|
| UX・フロント | 顧客応対 | チャットボット | ・シンプルなテキスト応対のチャットボットが主流。Pepperなどロボットを対面接客に活用する例も<br>・今後は、AIを活用した高度な自然言語処理のモデルや感情認識の技術を活用したチャットボットの活用が進展するとみられる |
| | | 接客ロボット | |
| 与信・審査 | 個人融資 | 個人ローン審査 | ・AIにより審査モデルが高度化したことで、書類の簡素化や審査時間の短縮などのオンラインレンディングが進展<br>・データ多様化によりunbanked層やフリーランスなど融資層が拡大。P2Pレンディングや信用スコアリングなど、プラットフォーム化も進展している |
| | 法人融資 | オンラインレンディング | |
| 送金・決済 | 本人認証 | 生体認証 | ・行為や所持を排除し、顔認証など生体認証を活用した決済により顧客利便性向上<br>・今後は、より"本人らしさ"をAIが自動判断して送金や決済が完了する方向に |
| 投資・運用 | 投資 | 市場・株価予測 | ・指標分析や予測サービスの提供や、投資におけるポートフォリオ提案が主流<br>・今後は、非構造データ分析に基づく市場・株価予測や提案だけでなく、自動取引やリバランス機能を備えるサービスも登場するとみられる |
| | 資産管理 | ロボアドバイザー | |
| ミドル・バック | 業務効率化・支援 | 書類処理・分析自動化、マーケティング支援 等 | ・人の業務を補助することを目的としたAIの導入が主流。AIを活用した不正検知やコンプライアンス対策が進展<br>・投資家向けレポートの作成など、専門性の高い業務についても部分的にAIが代替。膨大かつ多様なデータを元にした不正検知の精度向上進展する可能性 |
| | リスク管理・コンプラ | ・不正検知(KYC等)<br>・AML/CFT対応<br>・社内コンプラ | |

（出所）　日本総合研究所作成

94

▶ 図表 2 −41　AIのトレンド

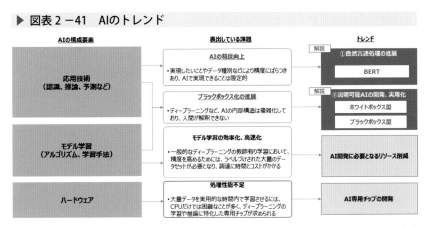

（出所）　日本総合研究所作成

AIにおける最新テクノロジートレンドとして、自然言語処理の進展、説明可能AIの開発、実用化の２点を取り上げる。

## 6.2　トレンド①　自然言語処理の進展

### 6.2.1　概　　要

　コンピュータ言語や形式言語などと、自然言語との最も大きな違いは、その曖昧性にある。曖昧性とは、「はっきり決まらない」こと、つまり単語や句、文などの構造や意味の解釈が、複数考えられる状況のことを指す。これまでのテクノロジーでは精度を高めるのが困難であったが、ディープラーニングを活用した自然言語処理により、実用化に向けて大きく前進している。

　自然言語処理の応用は、機械翻訳、対話応答、文書要約など多岐にわたっており、金融機関にとっても大きな可能性を秘めた技術だと考えられる（**図表 2 −42**）。

　金融機関においては、店頭やコールセンターなどを通じた対顧客データ

▶ 図表 2 −42　自然言語処理技術の応用領域

| 区分 | 応用領域 | 概要 |
|---|---|---|
| 認識 | 文字認識 | 手書き文字などの画像として存在する文書データの内容を認識し、テキスト化する技術<br>手書き文字など画像データをテキスト化する際、画像認識だけで精度を高めることは困難 |
| 認識 | 情報検索 | 求める情報を大量の情報のなかから探し出す技術<br>対象となる集合がテキストであることが多いが、近年は画像や音声検索なども盛んに研究されている。索引づけ、重付け等に自然言語処理が活用 |
| 認識 | 機械翻訳 | 入力された言語データを特定の言語に翻訳する。人間が設定したルールに則って元言語と目的言語の対応を定義するルールベース翻訳のほかに、言語対をニューラルネットで学習させる翻訳モデルが存在 |
| 理解 | 意味認識 | 単語や文章の意味を認識し処理する。シソーラスを整理するルールベース手法と、word2vecに代表される大量の文章から特徴量を意味的抽出する統計的手法が存在 |
| 理解 | 文書分類 | 特定の基準に基づき文章を分類する。文書の内容によるトピック分類の他、さまざまな情報活用の観点で利用される |
| 理解 | 要約生成 | 長文からその内容を失わない要約文を生成する。対象文章中から重要性、網羅性の高い文を選ぶ抽出型要約や、ディープラーニングを使用して要約文を一から作成する生成型要約が存在 |
| 判断 | 質問応答 | 質問文に対する回答を選択、生成する技術。ファクトイド型とノンファクトイド型に分類される事実や名称などを尋ねるファクトイド型（What, When, Who, Where）は、検索システムなどに広く利用されている。より難易度の高い、理由や方法に対応するノンファクトイド型(Why, How)の研究も重要性を増している |
| 判断 | 対話応答 | 問いかけ文に対しての応答文を作成する。人間のように自由に対話を行うことはむずかしく、現在の対話応答botなどは対話パターンをデータベースとして保持し、特定の業務範囲や使用目的に限ってのみ用いられている。一方で、特定のタスクの達成を目的とせず、対話そのものを目的（例：雑談）とする対話システムの研究開発も進展 |

（出所）　日本総合研究所作成

や、稟議書をはじめとしたさまざまな文書データを日々蓄積している。自然言語処理を活用し、こうした膨大なデータを解析することで、顧客のUX向上、行内業務の効率化、高度化等の実現が期待できる。

■ 「BERT」

BERT（Bidirectional Encoder Representations from Transformers）は、Googleによって2018年に発表された言語モデルである。SQuAD v1.1[51]という文書読解のデータセットを用いたベンチマークにおいて、それまで高成績だったELMo[52]という言語モデルに加え、初めて人間の平均スコアをも上回る成

---

51　The Stanford Question Answering Datasetの略。500以上の記事から10万以上の質疑ペアで構成されるデータセット。現在は、よりむずかしいデータセットのv2.0が整備されている。

▶ 図表 2 −43　文書読解の精度進展

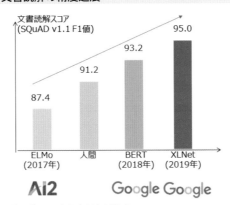

（出所）　日本総合研究所作成
https://rajpurkar.github.io/SQuAD-explorer/

績を出して大きな話題となった。その後継モデルも続々と登場している。また、2019年には、Googleの検索エンジンにBERTが採用されたことが発表されている[53]（**図表 2 −43**）。

　BERTは複雑なテキストデータを解析し、その文脈や意図を汲んだ結果が導き出せる。特に、従来の技術では、多義語など文脈ごとに異なる単語の意味を理解することは困難だった。たとえば、"I play baseball." "I play guitar." "I play Hamlet." のplayを「遊ぶ、奏でる、演じる」の３つの意味を混在したまま解釈しているのが従来技術であるが、それぞれを別のものとして理解し、扱えるのがBERTである。

　また、BERTの特徴として、汎用性の高さがあげられる。モデル作成は、事前学習（pre-training）と事後学習（fine-tuning）の２段階で構成される。事前学習では、WikipediaなどWeb上の膨大なテキストデータから学習した

---

52　Embeddings from Language Modelsの略。アレン人工知能研究所にて発表。

53　Google社ブログ「Understanding searches better than ever before」（2019.10.25）
　　https://www.blog.google/products/search/search-language-understanding-bert/

| 事前学習 | 単語や文章同士の一般的な依存関係を学習する<br>（例：日本語のWikipediaのページを基に学習） |
| --- | --- |
| 事後学習 | 目的とするタスクを学習する<br>（例：稟議書や法律文書など特定領域に特化したデータを基に学習） |

（出所）　日本総合研究所作成

　汎用的な言語モデルを構築する。それに加えて、各タスクに応じた稟議書や法律文書など特定領域に特化したテキストデータを用いて事後学習することで、目的とする分野に強いモデルを作成できる（**図表 2 −44**）。

　さまざまな主体が、事前学習済みのBERTモデルを公開している。こうした事前学習済みモデルを流用することで、特定用途のモデルを 1 から膨大なデータを整備して構築する必要性がない。開発コストを抑えつつ、さまざまな用途に向いた高精度のモデルを開発できることがBERTの大きな価値である。

### 6.2.2　背　　景

　自然言語処理技術の歴史は古い。1940年代、コンピュータの誕生と時をほぼ同じくして、人間の言葉を自動で翻訳できるのではないかという考えが生まれた。当初のアプローチは、基本的に人間の手によって整備されたルールや基準に従うものであり、曖昧性を多分に含む自然言語と相性が良いとはいえなかった。

　大きな転機となったのは、実際のデータから得られた統計情報によって確

率的に処理するアプローチである。前述のとおり、近年は、機械学習や
ディープラーニングを活用した自然言語処理が大きな成果をあげている。

### 6.2.3 事　例

　Googleが、自社の検索エンジンにおいて、検索語の理解にBERTを適用し
た事例が有名であるが、国内においてもBERTをビジネス製品に活用してい
ることを公表している事例が増えている。

　ヤフー株式会社は、ニュース配信サービスで提供している「Yahoo!ニュー
スコメント」において、暴力的、差別的、過度に品位に欠けるなどの違反コ
メントの検知をBERTにより強化している。高速に処理するため、スーパー
コンピュータ「kukai」を利用している[54]。

　また、Automagi株式会社は、株式会社ジェーシービーの社内業務の効率
化を目的に、BERTを活用した業務マニュアルの検索や社内規定確認をより
迅速に正確に行える取組みを進めている。問合せの内容の質問意図や言葉の
揺らぎをとらえて、回答の該当箇所を提示できるようなナレッジ検索システ
ムの構築を目指す[55]。

　株式会社ユーザーローカルは、BERTを活用し、問合せの履歴をもとに、
高精度なチャットボットを短期間で作成した。一般的に、チャットボットを
導入するには、事前にどの質問にどの回答を返すか、という訓練データおよ
びロジックをあらかじめつくる必要があるが、その際、類似表現のデータ整
備や質問文の意味理解にかかる作業に膨大な手間と時間がかかってしまう課
題がある。BERTを活用することで、従来よりも前後の文脈から各単語やフ

---

[54] 「Yahoo!ニュース、最先端の「深層学習を用いた自然言語処理による判定モデル
（AI）」と独自スパコン「kukai」を活用し、コメント対策を強化」（2020.3.6）
　　https://about.yahoo.co.jp/pr/release/2020/03/06c/
[55] 「Automagiが最新AI技術「BERT」を活用し、ジェーシービーの社内マニュアル検索
をベースにナレッジ構築の実証実験（以下：PoC）を実施」（2019.12.2）
　　https://www.amy-ai.com/newsrelease-agent/20191202

レーズが使われている意味合いを理解できるようになるため、訓練データ作成の労力削減につながる[56]。

### 6.2.4 展　　望

　近年、ディープラーニングなどのAIが自然言語処理のブレイクスルーとなっており、当面この状況は続くとみられる。特に、BERTおよびその後継モデルへの期待は大きい。一方で、GoogleがつくったBERTは、英語用であるため、日本語用のBERTは別途作成が必要となる。国内では、日本語Wikipediaなどのテキストデータを用いた事前学習済みモデルが、東北大学[57]や京都大学[58]などから公表されている。

　また、BERTを特定タスク用に事後学習するのは比較的簡単で、多くの機関で研究・開発が行われている。ただし、学習に要する時間が長く、恵まれた学習環境が整備された大学研究室などでも、1回の学習に数日から10日程度かかる。グローバルなIT企業では、AI専用チップの開発を進めている企業も多く[59]、BERTの学習高速化にはこうしたハードウェア環境を活用することが重要であるが、現状ではコストがかかり過ぎるのが課題である。今後のハードウェアの性能向上とコスト低減の進展がBERT利活用の鍵となる。

---

[56]「サポートチャットボットが最新の言語AI「BERT」を導入
　〜質問を自動分類し、チャットボット構築を高速化〜」(2020．2．5)
　https://www.userlocal.jp/press/20200205ba/
[57]　東北大学 乾・鈴木研究室（2020．3．10アクセス）
　https://www.nlp.ecei.tohoku.ac.jp/news-release/3284/
[58]　京都大学 黒橋・褚・村脇研究室（2020．7．10アクセス）
　http://nlp.ist.i.kyoto-u.ac.jp/index.php?BERT%E6%97%A5%E6%9C%AC%E8%AA%9EPretrained%E3%83%A2%E3%83%87%E3%83%AB
[59]　Google「TPU」、Amazon「Inferentia」、Alibaba「HanGuang800」、Microsoft「IPU」など

## 6.3 トレンド② 説明可能AIの開発

### 6.3.1 概　　要

　説明可能AIとは、特定の単一技術を指すものではなく、AIの出力におい
て、理由と根拠を明示する技術を総称したものである。説明可能AIの実現
に向けたアプローチは、大きく2種類ある。ホワイトボックス型と呼ばれ
る、比較的解釈性が高いAIモデルの精度向上を図るものと、ブラックボッ
クス型のAIモデルの解釈性を向上させる取組みである。ホワイトボックス
型のアプローチが先行していたが、ブラックボックス型についても今年に入
り、「SHAP」[60]や、「LIME」[61]と呼ばれる手法を取り入れた製品が発表され
るなど動きをみせている（図表2-45）。

▶ **図表2-45　説明可能AIの取組事例**

| アプローチ | 区分 | 取組事例（主体） | 概要 |
|---|---|---|---|
| ①ブラックボックス | ベンダ（PoC段階） | 富士通「Deep Tensor」と「ナレッジグラフ」 | ナレッジグラフと呼ばれるグラフ構造を用いて、ディープラーニングを説明するもの |
| | 研究機関 | カリフォルニア大学バークレー校「Born again trees（BATree）」 | ブラックボックスモデルを近似した決定木を作成 |
| | 研究機関 | ワシントン大学「LIME」 | 線形モデルやルールモデルを用いた近似的な説明を生成。解釈性研究の代表例として扱われることが多い |
| | 研究機関 | ワシントン大学「SHAP」 | 予測した値に対して、「それぞれの特徴変数が予測にどのような影響を与えたか」を算出し可視化 |
| | 研究機関 | スタンフォード大学「影響関数を用いた予測」 | 予測結果に関連の深い訓練データを予測の根拠として提示する方法 |
| | 研究機関 | Attentionの可視化、CNNモデルの動作原理に基づいた解釈など多数有 | 深層学習の状態解析によるアテンションヒートマップや自然言語説明生成等による説明 |
| ②ホワイトボックス | ベンダ（商用化） | ISID「simMachines」 | Similarity Search（類似探索・K近傍法（KNN））をベースにした独自アルゴリズム |
| | ベンダ（商用化） | NEC「異種混合学習」 | 決定木＋回帰分析により、精度を高める |
| | 研究機関 | スタンフォード大学「Interpretable decision sets」 | ルールセットという決定木の亜種を提案 |

（出所）　各社HPや公開論文をもとに、日本総合研究所作成

---

60　Scott M. Lundberg, Su-In LeeGoogle「A Unified Approach to Interpreting Model
　　Predictions」, NIPS2017

### 6.3.2 背　　景

　ディープラーニングなど高度なAIに進化するにつれて、精度は高まっているものの、仕組みが複雑化しており、解釈性が低下しているという課題が表出している。AIの判断を人間が理解するのが困難になっていることで、AIの適用可能な業務領域が限定的になっている。こうした状況をふまえて、産官学でさまざまな説明可能AIに関する研究開発が進められている。米国防高等研究計画局（DARPA）等世界の研究機関が開発に乗り出したほか、製品として供給する企業も登場している。国際的に関心が高まっており、国内外において、AIの説明性を重視する政策の動きも活発化している。たとえば、EUは、一般データ保護規則（GDPR）にて、ユーザーに関する意思決定に説明責任を課しており、日本でも、総務省の「AI利活用案原則」にて、透明性の原則、説明責任の原則について言及されている。

### 6.3.3 事　　例

　囲碁AI「AlphaGo」を開発したことで有名なDeepMind社は、人間の医師と同等の精度で眼病の診断を行う説明性を備えたAIを開発した[62]。このAIは、患者の目に関する3D画像データをもとに眼病の診断を実施するが、致命的な誤りを犯さないような対策がとられている。具体的には、1つの結果だけを出力するのではなく、可能性が高いと診断された複数結果を同時に出力するのに加えて、3D画像データのうち、どこに着目して眼病と判断したかをラベルづけし視覚的に表示することで、診断理由を説明する機能を備えている。

---

61　Marco Tulio Ribeiro, Sameer Singh, Carlos Guestrin「"Why Should I Trust You?": Explaining the Predictions of Any Classifier.」, KDD2016
62　原聡「「AIの説明」の現状とこれから」、GIGAZINE「DeepMindのAIは人間の医師と同等の精度で目の病気を診断できる」

### 6.3.4　展　　望

　どの程度の説明があれば納得してもらえるか、は説明を受ける対象の前提
知識などに大きく依存する。そして、納得して受け入れてもらうためには、
実績を積むことも必要となる。たとえば、天気予報の降水確率は、すでに実
績が受け入れられており、詳細な説明なく90％などと結果が提示されるが、
ほとんどの人はそれを納得し活用している。ブラックボックスでも困らない
事例まで説明を求める必要はなく、説明できないブラックボックスなAIは
すべてダメなわけではない。サービスや業務特性に応じて、どういう説明性
が必要か、というのはつど検討が必要なのである。

　技術的には、現段階の説明可能AIは、分析結果に大きく寄与した要因を
示すレベルまでは実用化が進んでいるものの、論理的な説明を行う段階まで
は達していない。また、そうした説明も、近似的なものであり、必ずしも正
しい説明になっているとはいえない。そのため、参考情報として用いること
はできるが、AI単独での判断を実施、実用化する段階には達していない。
とはいえ、グローバルでAIの透明性、説明性に関する議論が盛んであり、
引き続き、活発な研究開発が進められるものと考えられる。

# 07 ブロックチェーン

最新テクノロジートレンド

KEYWORD **過度な期待のピークを超えられるか**　● ● ● ● ● ● ● ● ●

　ブロックチェーンはインターネットに次ぐ革命と称されることがある。ブロックチェーンの始まりは、サトシナカモトなる謎の人物が発表した10ページほどの論文だった。それをもとにつくられ、2009年に誕生したビットコインは、分散型で透明性に優れた送金手段で、管理者を置かずとも改ざんや二重支払いを防ぐことができた。その基盤技術であるブロックチェーンには、大きな期待が集まり、さまざまなブロックチェーンの研究開発が進展することになる。ただし、現状では暗号資産[63]など一部を除き広く普及するには至っておらず、過度な期待だったといえるだろう。

　ブロックチェーンは5つの要素技術によって構成される。①ブロックとチェーン：取引を一定間隔でブロックとして束ねて、前後関係をチェーンとして維持するデータ構造、②ハッシュ関数・電子署名：取引の正当性を保証し、偽造や改ざんが行われていないことを確認するための暗号化、セキュリティの技術、③コンセンサスアルゴリズム：分散環境において合意形成をするための仕組み、④P2Pネットワーク：各コンピュータ（ノード）が相互に

---

[63]　2019年3月暗号資産に関する法改正が閣議決定され、名称が「仮想通貨」から「暗号資産」へ変更されることとなった

直接通信、⑤分散型台帳：各ノードが台帳を複製し共有することでデータを分散して保有、の5つである。加えて、いくつかのブロックチェーンには、「スマートコントラクト」と呼ばれるプログラムをブロックチェーン上に実装し、条件が満たされると自動的に執行される機能が存在する（**図表2－46**）。

▶ **図表2－46　ブロックチェーンの構成要素**

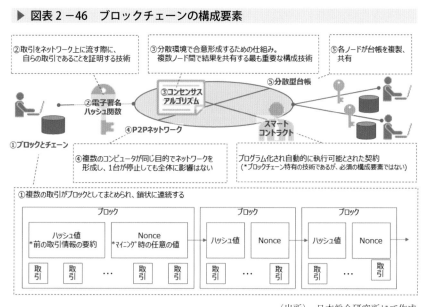

（出所）　日本総合研究所にて作成

　ブロックチェーンは、管理者の有無に応じて、「パブリック型」「コンソーシアム型」「プライベート型」に大別される。パブリック型は、取引参加者が無制限であり、中央集権的管理者がいなくともネットワークの合意形成が可能といった特徴をもつ一方、処理に多くの時間を伴うなどのデメリットが存在する。

　業務システムに利用するには、こうしたパブリック型のもつ特徴がそぐわ

ない場合が多く、管理者を設置し参加者を限定するコンソーシアム型やプライベート型と呼ばれるブロックチェーンや、DLT（Distributed Ledger Technology：分散型台帳技術）が登場している。管理者を設置することで、パブリック型の欠点を解決・緩和可能であるが、パブリック型のもつ、可用性や耐改ざん性といったメリットが薄れてしまう。また、従来のファイル伝送や分散データベース、共同システム運営といった方式と比べて優位性があるとは言いがたい（**図表 2 −47**）。

　一方で、ブロックチェーンの技術開発は脈々と継続されており、さまざまな業界において適用に向けた取組みはまだ活発である。今後、ブロックチェーンならではの特徴を活かした実用化、ビジネス貢献の事例が登場するか要注視である。

　ブロックチェーンに関しては、一旗揚げたいというスタートアップや専門家が多数登場しているが、さまざまな思惑にとらわれず、フラットに評価・

**▶ 図表 2 −47　ブロックチェーンの分類と特徴**

| | | パブリック型 | コンソーシアム型／プライベート型／DLT |
|---|---|---|---|
| 概要 | 管理者 | 不在 | 存在<br>(コンソーシアム：複数、プライベート：単数) |
| | 参加者 | 誰もが自由に参加 | 許可されたもののみ参加 |
| | 合意形成 | 厳密な承認が必要<br>(悪意ある参加者の存在可能性を前提) | 厳格な承認は任意<br>(事前に悪意ある者を排除) |
| 利点 (注) | | ・単一障害点が無い<br>・改ざんに強い<br>・取引履歴がすべて記録 | ・管理者がボトルネックになりうるので、<br>　パブリック型のメリットを損なう |
| 欠点 (注) | | ・取引の処理が遅い<br>・ファイナリティが無い<br>・内容がすべて公開<br>・電力消費量が膨大 | ・パブリック型の欠点を緩和可能なものの、<br>　従来のIT技術対比の優位性が限定的 |
| プラットフォーム例 | | ・Bitcoin<br>・Ethereum | ・Hyperledger Fabric<br>・Corda |

（注）　ブロックチェーンのプラットフォームによっては必ずしもこのとおりではない
（出所）　日本総合研究所作成

▶ 図表 2 −48　ブロックチェーンのトレンド

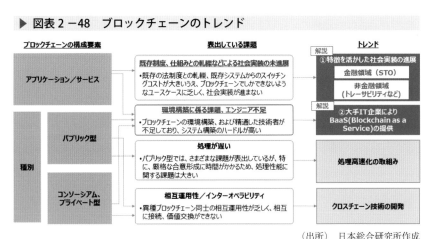

（出所）　日本総合研究所作成

目利きし、技術の本質を理解して活用することが重要である。

　本節では、ブロックチェーンの特徴を活用した社会実装の進展状況および大手IT企業によるサービス提供が始まったBaaS（Blockchain as a Service）について解説する（図表 2 −48）。

## 7.2　トレンド①　ブロックチェーンの特性を活かした社会実装の進展

### 7.2.1　概　　要

#### ■ 金融：ステーブルコイン／セキュリティトークン

　金融におけるブロックチェーンの活用領域は、暗号資産から始まり、暗号資産の技術を使った資金調達であるICO（Initial Coin Offering）へと広がった。暗号資産はボラティリティが高いなど決済手段としての適正が低く、ICOも実態のない詐欺的なプロジェクトが横行し、各国で規制が進行している状況である。こうした背景を受けて、最近大きな話題となったステーブル

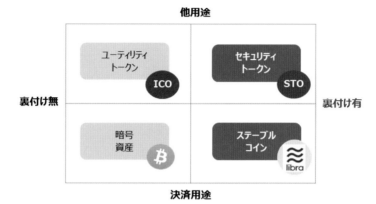

（出所）　日本総合研究所作成

コインであるLibraやセキュリティトークンといった、既存金融システムに
順守し、法定通貨などで資産の裏付けがある領域へと、ブロックチェーンの
活用領域はシフトしている（**図表 2 −49**）。

　昨今、金融業界におけるブロックチェーンの活用事例として、最も注目す
べきものの 1 つがセキュリティトークンである。セキュリティトークンと
は、ブロックチェーンを用いて有価証券をデジタル化したものであり、有価
証券同等の法規制が適用される。特に米国を中心に、セキュリティトークン
を活用した資金調達方法であるSTO（Security Token Offering）が新たな資
金調達手法として注目が高まっている。日本でも2019年 5 月に金融商品取引
法の改正案が成立し、第 1 項有価証券に定義されるなど法規制が進展した。
これにより、日本STO協会（JSTOA）といった業界団体が設立されたほか、
各社の取組みも活発化している状況である。

　■ 非金融：複数プレイヤーに跨るトレーサビリティ

　昨今、ブロックチェーンが備える、改ざんに強い、取引履歴がすべて記録
されている、といった特徴を活用し、原材料の状態から、加工され消費者に

届くまでの情報をまとめて管理するトレーサビリティシステムへの適用検討が進展している。たとえば、製造業においては、部品の調達から加工、組立、流通、販売など、サプライチェーンにおいて多数のプレイヤーが関与しており、それらを一貫して管理するのは困難である。いまだに書類など紙ベースによる管理が主流であることから、ブロックチェーンの特徴を活用したIT化に向けた取組みが進展している。

### 7.2.2　背　　景

　前述のとおり、ブロックチェーンのユースケースは、暗号資産など一部を除き広く普及するには至っていない。ほとんどが「ブロックチェーンでも実現できる」というものであり、「ブロックチェーンだからこそ実現できる、メリットがある」というユースケースについては模索が続いている（**図表2－50**）。

▶ **図表 2 －50　ブロックチェーンの活用事例**

（注）　Decentralized application（分散型アプリケーション）：Ethereumなどのブロックチェーン上で実装されるアプリケーション
（出所）　日本総合研究所作成

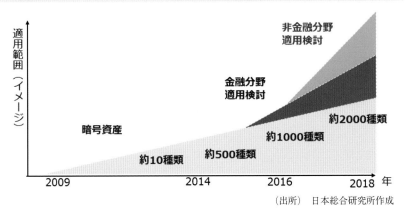

▶ 図表2−51 ブロックチェーン技術の検討領域拡大

適用範囲（イメージ）

非金融分野
適用検討

金融分野
適用検討

暗号資産

約10種類　約500種類　約1000種類　約2000種類

2009　　　　　2014　　　　2016　　　　　2018　年

（出所）　日本総合研究所作成

　基本的に、暗号資産を構成する基盤技術であったブロックチェーンだが、コンソーシアム型、プライベート型、DLTなどへと派生し、2015年頃から金融分野および2017年頃から非金融分野へと適用検討領域が拡大している（図表2−51）。

### 7.2.3　事　例

#### ■ 金融：STO事例

　STOに関する主要なプレイヤーとして、発行主体の依頼に基づき、資産をトークン化し、KYC済みの適格投資家に販売するST発行プラットフォーム[64]と、発行されたセキュリティトークンの交換を行う取引所に相当し、流動性を高める役割を担うST流通プラットフォーム[65]の運営者が存在する。また、関連プレイヤーとして、トークンを安全に保管するカストディや、売

---

64　米国のPolymath、Securitize、Harborなどが有名
65　米国スタートアップのtZero、OpenFinanceなどが有名

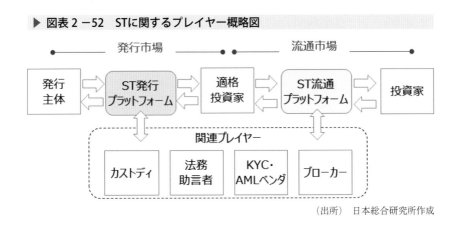

▶ 図表 2 −52　STに関するプレイヤー概略図

買や流通を仲介するブローカーなども存在する（**図表 2 −52**）。

### ■ 非金融：食品トレーサビリティ「IBM Food Trust」

　IBMが提供するコンソーシアム型ブロックチェーン「Hyperledger Fabric」を用いた食品のトレーサビリティシステム「IBM Food Trust」が、2018年 9 月より本番稼働している（**図表 2 −53**）。

　小売大手のWalmart、Nestle、Dole、Unileverなど名だたる大企業が同システムを利用している。食品の安全管理や流通経路の透明性は、食品業界の長年の課題である。従来は、紙文書での管理や、業者間で異なるシステムを利用していたことにより捕捉に時間がかかっていたトレーサビリティを効率化している。ブロックチェーン上で、食品の生産と流通に関するデータ、加えて検査証明や認定証書などの文書が記録されており、データは記録した組織が所有し、開示したい相手のみに対して、アクセス権の設定が可能である。各流通工程の情報が共有されることにより、通常約 7 日要していた食品のトレーサビリティの追跡を、2.2秒に短縮することに成功したという。

▶ 図表 2 −53 「IBM Food Trust」の概略図

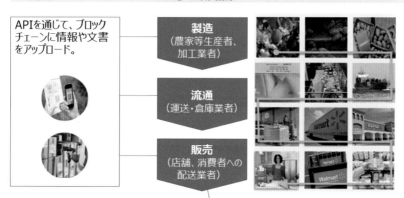

APIを通じて、ブロックチェーンに情報や文書をアップロード。

製造
（農家等生産者、加工業者）

流通
（運送・倉庫業者）

販売
（店舗、消費者への配送業者）

ブロックチェーンにより、各流通工程の情報が共有されることにより、通常約7日要していた食品のトレーサビリティの追跡を、2.2秒に短縮することに成功している

（出所）　David Galvin「IBM and Walmart：Blockchain for Food Safety」、TechCrunch「Walmart is betting on the blockchain to improve food safety」、IBM「IBM Food Trust」、「About IBM Food Trust」、THE BRIDGE「ウォルマートが食品流通管理にブロックチェーン活用──B2Bでの利用が進む「コンソーシアム型」とは」

### 7.2.4　展　望

　セキュリティトークンとしてデジタルで証券や債権を発行、管理することにより、これまでになかった金融商品を低コストで開発、提供することに期待が集まっている。たとえば、事務コストから取り扱えていなかった少額の社債や、リゾート地の不動産や高級絵画などのトークン化などが考えられる。ブロックチェーン技術の社会実装は、セキュリティトークンにおける取組みのように、ユーザー保護の観点から適切な法整備と平仄をとって進展するとみられる。また、本節で述べた複数プレイヤーに跨るトレーサビリティ確保もブロックチェーン活用の1つの好例となりうるだろう。

## 7.3 トレンド②　BaaS（Blockchain as a Service）[66]

### 7.3.1　概　要

　BaaSは、ブロックチェーンの開発、運用のためのプラットフォームであり、クラウドベースで提供されるマネージドサービスである。主な提供企業としては、IBM、Microsoft、Amazonなど、これまでクラウドサービス提供を行っている企業が自社のクラウドサービスのメニューに追加するかたちでBaaS提供を始めている（**図表2－54**）。

　提供される機能は、それぞれのサービスによって異なるが、ネットワークの構築、ブロックチェーンノードの構築や運用から、スマートコントラクトの管理など広範囲にわたる。

▶ **図表2－54　主なBaaS提供企業**

| 提供企業 | 利用可能なブロックチェーン | 主要サービス | 概要 |
|---|---|---|---|
| IBM | Hyperledger Fabric | IBM Blockchain Platform | ・「IBM Cloud」だけでなく、オンプレミスや「AWS」や「Azure」など他社のパブリッククラウドにもブロックチェーンをデプロイ可能<br>・IBM社として力を入れているHyperledger Fabricであるため、最新のバージョンにも対応しており、サポートも厚い |
| Microsoft | Quorum、Ethereum、Hyperledger Fabric | Azure Blockchain Services | ・コンソーシアム型ブロックチェーンを構築・管理を簡素化<br>・幅広いユーザがいるIDEのVisual Studio Codeを使ったデプロイ・デバックが可能 |
| aws | Hyperledger Fabric（Ethereum準備中） | Amazon Managed Blockchain | ・「AWS」の機能と連携しブロックチェーンを構築、運用<br>・Amazon Quantum Ledger Database(QLDB)というブロックチェーン風の独自データベースが利用可能 |

（出所）　日本総合研究所作成

---

66　Banking as a Service（BaaS）と混同しないよう注意されたい

113

### 7.3.2 背　　景

　ブロックチェーンの導入においては、高い技術・知見が必要であることに加え、システム基盤の構築等を行う必要があり、そもそもブロックチェーンに長けたエンジニアの数も限られており敷居が高い。BaaSを利用することで、導入までの時間とコストを短縮することが期待できるうえ、ブロックチェーンに関するインフラをクラウドサービスにアウトソースし、アプリケーションやロジックの開発に注力できるのは、大きな利点と考えられる。

### 7.3.3 事　　例

　ソニーミュージックは、2019年6月、AIやブロックチェーンを活用したデジタルコンテンツの権利情報処理を行うシステム「soundmain」に、音楽の著作権の登録管理機能を実装することを発表した。登録管理機能では、たとえば複数クリエイターがかかわる音楽の共同制作において、各自の同意をブロックチェーン上に記録しておくことで、それをもとに著作権登録の処理を効率化することが可能となる。著作権の管理を特定の1社だけではなく、マルチステークホルダーで管理しているという意識変化の効力を発揮するため、ブロックチェーン活用は有益とのことである。

　実装にあたっては、AmazonのBaaS「Amazon Managed Blockchain（AMB)」を採用している。ブロックチェーンの種類としては、Hyperledger Fabricを利用する。ソニーミュージックは、ブロックチェーンの実装をスクラッチで行った場合、イニシャルコストで約1,500万円、ランニングコストで月額約20万円要するのに対し、AMBを用いることで、イニシャルコストを約100万円、ランニングコストを月額約5万円にまで抑えられるとしている。

### 7.3.4 展　望

　各社から提供されているBaaSは、提供企業のクラウドサービス上での稼
働が原則的であり、対応しているブロックチェーンのバージョンも一世代前
であるなど、本番運用で活用するには時期尚早かもしれない。まずは、テス
トや検証環境での利用で様子をみたほうがよい。今後、アップデートを繰り
返し、使い勝手がよくなると思われるので、将来的には、ブロックチェーン
ベースのアプリケーションやサービス開発において、BaaSの利用は大きな
助けとなるだろう。

# 08 量子コンピュータ

## 8.1　最新テクノロジートレンド

### 🔍 KEYWORD 新たなコンピューティング時代の始まり　● ● ● ● ● ●

　遠い将来、「2019年はコンピュータの歴史を大きく変えた、新たなコンピューティング時代の始まりであった」と人々は呟いているかもしれない。2019年10月23日、学術誌「Nature」に掲載された論文「Quantum Supremacy Using a Programmable Superconducting Processor」は瞬く間に世界中のニュース・記事に取り上げられ、人々に認知されたのは記憶に新しい。その論文は、Googleが53量子ビットを搭載した「Sycamore（シカモア）」という量子コンピュータを用いて、「ランダム量子回路サンプリング」と呼ばれる計算タスクにおいて、量子力学の原理で動作する量子コンピュータがスーパーコンピュータなどの古典コンピュータの速さを上回ったことを示す「量子超越性」を達成したというものであった。「ランダム量子回路サンプリング」では、ランダムなビット列（01001や10111といった数値）を出力するプログラムを量子コンピュータで複数回実行する。Googleは、この「ランダム量子回路サンプリング」を100万回実施するにあたり、スーパーコンピュータ（IBM製の「Summit」）で１万年かかると推計される一方で、Googleの量子コンピュータ「Sycamore」では200秒で実行できたとしている。ただし、「ランダム量子回路サンプリング」の出力はランダムなもので、何か問題を解くことや、それが実用的に何か役立つものではない。IBMの反論（１万年では

なく、2日半でシミュレーション可能）もあったが、それでも200秒と2日半の差があることは、量子コンピュータの計算能力の優位性を示す1つの大きなマイルストーンとなった。

　量子コンピュータの技術・仕組みや内容は非常に難解である。ノーベル物理学賞受賞者で量子電磁力学の創始者の一人としても名高いリチャード・P・ファインマン氏は「もしも量子力学を理解できたと思ったならば、それは量子力学を理解できていない証拠だ」と述べている。また、Microsoftのビル・ゲイツ氏は「量子コンピュータはMicrosoftがスライドで発表したことだが、私は本当に理解できない。私は物理や数学について、かなりの知識をもっている。だが、スライドの内容はまるで象形文字。それが量子コンピュータだ」と語っている[67]。

　以下、量子コンピュータに関する基本知識を解説するが、理論を理解する必要は必ずしもなく、そういう現象が観測されると把握する程度で十分である。

　まず、「量子」とは原子以下の非常に小さな物質（ナノメートル単位（1メートルの10億分の1））やエネルギーの単位のことである。具体的には、電子や陽子、中性子、クォークなどである。実際にどれを使うかは各ベンダが開発している量子コンピュータによって異なり、アルミニウムの原子や、イオン[68]であったりする。量子は通常の世界とは異なる物理法則が働き、「粒子」と「波」の性質をもっているのが特徴である。

　いくつかの性質をもち、たとえば、「重ね合わせ」という性質がある。量子ビットは従来の0/1ビットでなく、0と1の重ね合わせの状態をもつ。これにより、Nビットの場合、2のN乗の組合せを同時に表現することができ、高速に計算可能となる。

　また、消費電力が小さい点も特徴である。世界初の商用量子コンピュータ

---

67　BUSINESS INSIDER：ビル・ゲイツ氏が告白「量子コンピュータは理解できない」
68　電子の過剰あるいは欠損により電荷を帯びた原子

であるD-Waveの消費電力は約20kW（日本の一般家庭の約50軒分）であり、スーパーコンピュータ京の消費電力12MkW（日本の一般家庭の３万軒分）と比べると、かなり小さい[69]（図表２−55）。

▶ 図表２−55　古典ビットと量子ビット

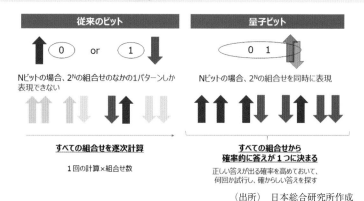

（出所）　日本総合研究所作成

　次に、量子コンピュータの分類であるが、汎用型の「量子ゲート方式」と組合せ最適化問題に特化した「イジングモデル方式」に大別される。なお、本書では詳細は割愛するが、量子ゲート方式とイジングモデル方式とでは、目的、解法手順、実現方式が異なるため、直接比較できない点は注意していただきたい（図表２−56）。

　次に、市場動向としては、量子コンピュータの概念が提案されたのが1980年代であるが、2011年D-Waveの特化型の量子アニーリングマシン製品化を皮切りに注目度が高まり、現在では世界中の技術先進国や大手IT企業が莫大な予算を投じて、量子コンピュータの研究開発に注力している状況である。現時点で実用化例はないが、イジングモデル方式は、組合せ最適化問題で導出できる領域での活用が見込まれており、近年では金融・物流領域での

---

**69**　「量子アニーリングの基礎」西森秀稔／大関真之著、共立出版

▶ 図表 2 −56　量子コンピュータの分類

| 方式 | 量子コンピュータ | | | 古典コンピュータ |
|---|---|---|---|---|
| | 【汎用型】量子ゲート方式 | 【特化型】イジングモデル方式 | | |
| | | 量子アニーリング方式 | レーザーネットワーク方式 | シミュレーション方式(量子インスパイアード方式) |
| 適用領域 | 汎用的な計算を実現 | 組合せ最適化問題に特化 | | |
| 環境 | 極低温／超高真空(注) | 常温／常圧 | | 常温／常圧 |
| ハード | 超電導量子回路(注) | 光パラメトリック発振器 | | 従来の半導体 |
| 主な推進組織 | IBM Google Microsoft intel Alibaba.com Q-LEAP | D:WAVE NEC NEDO Google | NTT NII「量子人工脳」 | FUJITSU HITACHI TOSHIBA NEC |
| 規模(商用化済みのもの) | 53ビット(IBM) | 2,048ビット(D-Wave Systems) | 2,000ビット(NTT&NII共同開発) | 8,000〜10万ビット |

（注）主流の方式
（出所）日本総合研究所作成

実証実験が行われている。具体的には、工場内の無人搬送車の経路最適化（DENSO）やホテルレコメンド順番最適化（リクルートコミュニケーションズ）、AIを活用した株式ポジション予測（野村アセットマネジメント）などである（**図表 2 −57**）。

　最後に、量子コンピュータはハードウェア制約により、解ける問題の規模が限定的（解の精度、速度が古典コンピュータより速いとは限らない）、量子アセンブリや量子ビット操作などの低レイヤーでのプログラミング開発環境、量子ビット数の不足、コヒーレンス時間[70]や結合に制限、量子エラー訂正技術[71]の未確立といった多くの課題があり、まだ実用化には時間を要する見込みである。本節では、そのような課題に対するトレンドとして、量子ビット数と質の向上、量子コンピュータにおけるミドルウェア・ソフトウェアの進化を採り上げて解説する（**図表 2 −58**）。

---

70　重ね合わせや干渉のしやすさといった量子的な状態を保ちながら計算できる時間
71　量子コンピュータ上でエラー訂正を行う技術。現時点で技術的に確立されていない

# ▶ 図表2−57 ユースケース一覧

| | 取組発表 | 机上・理論検証(公開ペーパー有) | 取組状況 | 実証実験 |
|---|---|---|---|---|
| 金融 | ・コールセンター要員シフト作成 SMFG<br>・ポートフォリオ最適化 NatWest | ・ポートフォリオ最適化 IQBit<br>・AI不構売予測 HSBC<br>・リバース・ストレステスト 時価資産マネジメント MIZUHO<br>・高速モンテカルロ計算 MUFG JPMorgan IBM<br>・オプション・プライシング<br>・Groverアルゴリズムによる量子探索高速化 JPMorgan<br>・量子オラクルの正規構築 JPMorgan<br>・ポートフォリオ リバランシング rigetti<br>・Mixed Binary Optimization最適化 IBM<br>・信用リスク分析 BARCLAYS<br>◎動的ポートフォリオ最適化 BBVA HEALTH | | |
| 情報 | †量子機械学習モデル開発ツールキット公開 Baidu Alibaba.com<br>†量子プロセッサ量子アルゴリズムの開発 | ・広告入札最適化 RECRUIT リクルートコミュニケーションズ<br>・航空写真からの樹木判定 Los Alamos<br>・オンライン広告表示最適化 RECRUIT リクルートコミュニケーションズ<br>・量子カーネルラーニング(通信) Sigma-i SONY<br>・量子SVM MUFG IBM WASEDA University | ・ホテルのコスト最適化 RECRUIT リクルートコミュニケーションズ | |
| 製造 | ・倉庫オペレーション改善 HITACHI<br>・生産計画最適化 FUJITSU<br>・製造ラインにおける半導体製造搬送の最適配置 OKI<br>・大規模物流の効率化 FUJITSU TOYOTA SYSTEMS | ・ロボットアーム操作<br>・自動車のキャリブレーションテスト au AIRBUS<br>・グラフ彩色<br>・フォルトツリー解析 AIRBUS | ・無人搬送車経路最適化 DENSO FUJITSU<br>・工場内フロア最適化<br>・生産計画最適化 NEC | |
| 交通 | ・患者の搬送先他医療員の配置最適化 Sigma-i DENSO<br>・交通信号制御の最適化 三菱電機<br>・タクシー配車最適化 | ・マルチモーダルシェア DENSO<br>・世界の交通最適化 | ・バスの交通最適化 DENSO 豊田通商株式会社 | |
| 素材・化学 | ・分子類似性による創薬 FUJITSU<br>†バッテリー開発 DAIMLER Google IBM<br>†石油精製装置改善 JXTGグループ MITSUBISHI CHEMICAL<br>†有機分子の光化学物性の精密測定 | ・フラグメント分子軌道法 KYOCERA<br>・ペプチドデザイン peptone<br>・量子分子動力学の質の誕生 物質・材料研究機構 MITSUBISHI<br>・リチウム空気電池の反応解析<br>†分子エネルギー微分値の基本的な計算 MITSUBISHI CHEMICAL<br>◎材料開発(分子構造予測) 東京大学 IBM WASEDA University | | |

【凡例】 ・:[汎用型] †:[特化型]インシングモデル方式での取り組み ◎:両方式での取り組み

(出所) 日本総合研究所作成

▶ 図表 2 −58　量子コンピュータのトレンド

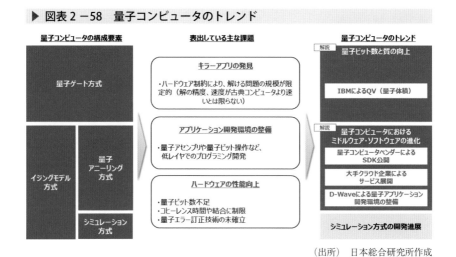

（出所）　日本総合研究所作成

## 8.2　トレンド①　量子ビット数と質の向上

### 8.2.1　概　　要

　コンピュータに求められる役割は、計算をより「速く」より「正確」に行うことである。つまり、計算がいかに速くても、計算結果の精度が低いとコンピュータを使う意味はなくなってしまう。これまで量子コンピュータの性能については、主に量子ビット数による比較が行われていたが、「数」だけでなく、量子的な状態を保ちながら計算できるコヒーレンス時間の長さや、量子ビットのエラー率の低減といった「質」の向上も不可欠である。

　量子コンピュータに関連する大手ITベンダ企業やスタートアップ企業は、量子ビット「数」の増加とともに、量子ビットの「質」の向上に向けて取り組んでいる。

## 8.2.2 背　　景

　量子コンピュータは、量子重ね合わせ状態という量子的な状態をつくり、それに対して量子ビットを操作し計算を行う。IBMやGoogleのような超電導回路による量子ビット[72]を用いた量子コンピュータは巨大な冷却装置とノイズを遮断するシールド板などで構成されるハードウェア内で、量子ビットを絶対零度（摂氏−273.15度）に近い極低温で動作させている（超電導回路の場合）。

　ただし、量子的な状態は非常に壊れやすく、わずかなノイズ（温度変化、量子ビット間のクロストーク（混信）、電子機器の発するマイクロ波など）にも反応し壊れてしまう（デコヒーレンスと呼ぶ）。そのため、量子コンピュータの性能向上に向けては、量子ビット数の増加と並行して、量子の質（エラー率、コヒーレンス時間など）の向上が課題となる。

## 8.2.3 事　　例

### ■ IBMの量子コンピュータ「Raleigh（ローリー）」の発表

　IBMは2020年1月に、2019年に発表した量子コンピュータの2倍の性能をもつ新たな量子コンピュータ「Raleigh（ローリー）」を発表した。IBMは量子コンピュータの性能を示す指標として、量子ビット数や演算精度、ビットの接続性、コヒーレンス時間等をもとに総合的に算出されるQV（Quantum Volume：量子体積）を用いているが、「Raleigh」は同社最大のQVとなる32を達成した（2019年1月に発表した「IBM Q System One」のQVは16）。「Raleigh」は28ビットの量子コンピュータとなるが、1量子ビットのコヒーレンス時間を延ばす技術を活用することで、QVの増加に成功している。

---

72　極低温に冷却した金属は電気抵抗が0の超電導状態となる。この状態の金属でつくられた超電導回路により、人工的に量子状態をつくりだすもの。1999年当時NECに在籍していた中村氏（現：東京大学、理化学研究所）、蔡氏（現：東京理科大学）が提唱

## 8.2.4 展　望

IBMは量子コンピュータの性能は年々 2 倍に増やすロードマップを描いており、2017年以降達成を続けている。今後もロードマップどおりに性能が強化されることで、2030年には量子コンピュータの実用化が見込めるとしている。引き続き、エラー耐性をもつ量子ビットの開発や、コヒーレンス時間を持続させる技術が開発されることで、量子演算が可能な時間が延長、量子アルゴリズムの正しい動作など、量子コンピュータ実用化に向けた開発が進展すると予想される。

一方で、GoogleやIBMはエラー伝搬を前提としたNISQコンピュータの商用化を目指している。NISQ（Noisy Intermediate-Scale Quantum Computer）とは、ノイズ（誤り訂正機能をもたない）中小規模の（数十〜数百量子ビット）の量子コンピュータである[73]。これであれば、数年以内に実用化が可能とされている。NISQは誤り訂正機能がないので限られた量子アルゴリズム（VQE[74]、QAOA[75]など）しか実行できないものの、現在の古典コンピュータを凌駕する性能を発揮すると期待されている。理論的には証明されていないが、NISQコンピュータが古典コンピュータの性能を上回る可能性はある。引き続き、NISQコンピュータの開発にも注目である。

これらをふまえて、今後のロードマップをまとめたのが**図表 2 −59**の量子コンピュータのロードマップである。グラフのオレンジ色の線がイジングモデル方式、濃青色の線が量子ゲート方式を表している。イジングモデル方式に関して、本書では詳しく触れていないが、当面はイジングモデル方式で実用化が進み、2020年代半ば以降には扱える量子ビットが大幅に増え、大きく

---

[73] NASAの研究所で開催されたQ2Bカンファレンスでカリフォルニア工科大学のJohn Preskill氏が提唱したのが始まり。量子超越性を提唱したのも同氏である
[74] VQE（Variational Quantum Eigensolver：量子変分）：位相推定アルゴリズムの代わりにあるハミルトニアンの固有値を求めるためのアルゴリズム
[75] QAOA（Quantum Approximate Optimization Algorithm：量子近似最適化アルゴリズム）：組合せ最適化問題の解を求めるためのアルゴリズム

▶ 図表 2 −59　量子コンピュータのロードマップ

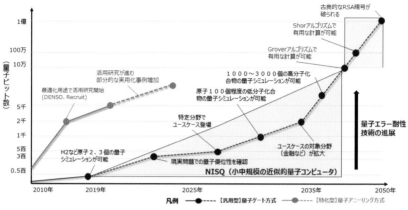

（出所）　日本総合研究所作成

進展する可能性が高い。一方、量子ゲート方式は、当面はノイズやエラーに対する脆弱性を抱えたまま進化し、エラー耐性を備えた「万能量子コンピュータ」は2030、40年頃とみられる。量子コンピュータで解読できるようになるといわれているRSA暗号など、現在主流の暗号の危殆化については、「万能量子コンピュータ」の登場以降になると考えられる。

## 8.3　トレンド②　量子コンピュータにおけるソフトウェア環境の進化

### 8.3.1　概　要

　初めに、現代のコンピュータと量子コンピュータには大きな違いを説明したい。それは、量子コンピュータには「演算装置」しかないことである。私たちが毎日、利用しているコンピュータには５大機能（入力装置、演算装置、記憶装置、制御装置、出力装置）があり、古典コンピュータのCPUにはそ

れ自身が制御装置と演算装置をもっている。これは半導体微細化技術の進展によりトランジスタ単価が劇的に低下したのでCPU（Central Processing Unit）だけでなく1チップ上にさまざまな計算機能を集約して多機能化したシステム・オン・チップ（SoC）が現在の主流となっているためである。プログラミングにおいては、基本的に演算装置の操作であるが、各演算ユニットを構成するORゲートやANDゲートなどの回路（ゲート）を現代のプログラマーが意識して操作することはない。演算装置を操作する演算命令があるので、プログラマーはこの命令セットを呼び出す順番などのコードを記述するのみである。さらに、この命令セットを直接解釈し実行できるマシン語は人間には難解なため、通常、人間の言葉（主に英語）に近いプログラミング言語（高水準言語）を使ってコードを記述する。高水準言語で書いたコードはコンパイラによってマシン語に変換し、実行されている。

　一方、量子コンピュータはフロントエンド・サーバ（制御・解析用）、マイクロ波発生装置、QPU（Quantum processing unit）、マイクロ波受信装置から構成される。QPUは演算処理のみであり、制御はフロントエンド・サーバで行っている。QPU上には、量子ビットが格子状に接続しており、あるアルゴリズムに沿って、量子ビットに対する操作（＝量子ゲート）を行うことで、何らかの演算が行われる。つまり、量子コンピュータにおけるプログラミングとは量子ビットに対する操作のことで、まだまだ低レイヤーの段階である。

　そのようななか、近年、手元のパソコンで量子プログラムをコーディングし、アプリケーションをつくれる環境が整備されつつある。量子コンピュータの実機（ハードウェア）の開発の進展に伴い、量子アルゴリズムを実装するためのソフトウェア開発キット（SDK）が、さまざまなベンダからオープンソースとして公開され、誰でも自由に使えるように整備が進んでいる。また、大手クラウド企業によるクラウド経由での量子コンピュータ開発環境の提供や、従来型のコンピューティングと量子コンピューティングをあわせたハイブリッド量子アプリケーション開発環境の整備など、量子コンピュータ

環境がよりオープンに開放され、さまざまな領域での実証実験等が活発化している状況である。

## 8.3.2　背　景

　科学技術振興機構（JST）研究開発戦略センターの嶋田義皓フェローは、量子コンピュータの現状を「1950年代のコンピュータのようだ」と表現している[76]。1950年代といえば、現代のような人間の言葉（主に英語）に近いプログラミング言語（高水準言語）はほぼなく、人間には難解な機械語でコードを記述していた時代だ。

　そのため、量子コンピュータの実用化に向けては、量子力学の高い知見を必要としなくても、誰でも自由に開発できるソフトウェア環境の整備（高級言語、ミドルウェア、コンパイラ整備など）や、出現頻度の高い問題であれば、ユーザインターフェースからの入力で簡単に問題を解くことができるライブラリ等の整備が必要である。また、そのような環境をオープンに広く展開・共有することが、量子コンピュータの実用化に向けては重要である。

## 8.3.3　事　例

### ■ 大手IT企業やスタートアップ企業によるSDK公開

　IBMは2016年5月に「Qiskit（Quantum Information Science Kit）」というSDKを提供。プログラミング言語「Python」で開発したソフトウェアはクラウド経由で、最大53量子ビット搭載の量子コンピュータ（2020年3月時点）を使い検証することができる。Microsoftは2017年9月に、同社のIDE（統合ソフトウェア開発環境）である「Visual Studio」で量子ソフトウェア開

---

[76] ITmedia NEWS「量子版ムーアの法則」は実現するか 今の量子コンピュータは「さながら1950年代」

▶ 図表2－60　量子コンピュータベンダによるSDKの公開

量子ゲート方式の開発環境が整備されつつある

ベンダーにより公開される量子コンピュータのSDK

| SDK | 提供ベンダー | 対応する量子コンピュータ | プログラミング言語 | 量子プログラミング言語 | 提供開始 |
|---|---|---|---|---|---|
| 1QBit SDK | 1QBit | イジングモデル | Python | N/A | 2016年（現在非公開） |
| D-Wave Ocean | D:Wave | イジングモデル | Python | N/A | 2017年 |
| Forest | rigetti | 量子ゲート | Python | Quil | 2017年 |
| QisKit | IBM | 量子ゲート | Python | OpenQASM | 2017年 |
| QDK | Microsoft | 量子ゲート | Q# | Q# | 2017年 |
| Cirq | Google | 量子ゲート | Python | Cirq | 2018年 |
| bluegat | bluegat | 量子ゲート／イジングモデル | Python | N/A | 2018年 |

近年公開されたSDKの概要

**Cirq**
・2018年にGoogleがパブリックα版を公開したSDKであり、ユーザーは量子アルゴリズムをシミュレーションできる。
・また、Googleは化学問題の量子アルゴリズムを開発する「Cirq」ベースのプラットフォーム「OpenFermion-Cirq」をリリースしている。

**bluegat**
・「bluegat」は、国内量子スタートアップbluegat（旧MDR）が開発した国産SDKであり、シミュレーションに加え、IBMの「QISKit」を介すことでIBMの保有する実機のハードウェアでのアルゴリズムの実行が可能となっている。

（出所）　日本総合研究所作成

発キットQuantum Development Kit（QDK）を開発。プログラミング言語「Q#」を使用して、量子プログラミングを行う。Googleは2018年7月に量子ゲート方式のNISQ回路を作成、編集、および呼び出すためのPythonフレームワーク「Cirq」のパブリックアルファ版を発表している（**図表2－60**）。

### ■ 大手クラウド企業によるサービス展開

「IBM Q System」をクラウドで利用できるサービスIBM Q Networkは2017年から始まり、2019年1月時点では42企業・機関だったが、2020年1月上旬に開催されたCES 2020時点では、Goldman Sachs、Los Alamos National Labなどが参画し、企業・組織は100を超えた。参加する組織の業種は、銀行、航空、自動車、素材など多岐にわたる。日本では、MUFG、みずほ、三菱ケミカル、JSR、慶應義塾大学、東京大学など計13企業・機関が参画している。

　IBMの1強のような量子コンピュータのサービス展開であったが、2019年から大手クラウド企業を介した一般提供が開始している。Microsoftは2019年11月、IonQやHoneywellが開発したイオントラップ式量子コンピュータを用いた量子アプリケーション開発環境「Azure Quantum」の提供を発表。

2019年12月には、Amazon AWSがRigettiの量子ゲート方式、IonQのイオントラップ式、D-Waveの量子アニーリング方式の量子コンピュータを用いたシミュレーション環境「Amazon Braket」の提供を発表している。IBMも、2019年11月に、新興企業Alpine Quantum Technologies（AQT）のイオントラップ式の量子コンピュータもサポートするようになり、Qiskitからプログラミングが可能になっている。このように、大手クラウド企業による量子コンピュータ環境のクラウド提供、ネットワークの形成・競争が始まろうとしている[77]。

### ■ D-Waveによるハイブリッド量子アプリケーション開発環境の整備

　量子アニーリング方式の量子コンピュータ開発で主導的なD-Waveは、2018年より量子コンピュータへのクラウドでのアクセスを可能とするほか、SDKを公開することで、量子アプリケーションの開発環境を整備していた。そして、同社は2019年6月に、古典コンピューティングと量子コンピューティングをあわせたハイブリッド量子アプリケーションを開発できるオープンソースプラットフォーム「D-Wave Hybrid」の一般提供開始を発表した。

　「D-Wave Hybrid」では、同社が昨年発表した2,000量子ビットで稼働する量子コンピュータ「Leap」上で動作する量子アプリケーションを、古典コンピュータおよび量子コンピュータを併用しながらPythonでコーディングできる。加えて、古典コンピュータの演算タスクと量子コンピュータの演算タスクの分散を単純化するロジックが組み込まれており、開発者がコンピュータ間での同期を行いやすいよう設計されている。また、同社は2019年9月に、5,000量子ビット搭載予定の次世代量子コンピュータ「Advantage」を、米国ロスアラモス研究所に提供すると発表している[78]（2020年9月に一般開放した[79]）。

---

77　IBM「IBM Q Network」、Microsoft「Azure Quantum」、AWS「Amazon Braket」

### 8.3.4 展　　望

　量子ゲート方式は、イジングモデル方式のように現実における課題を解決したケースがなく、現状ではクラウド提供はシミュレーションや体験を主目的としたものにとどまると予想される。しかしながら、量子ゲート方式のSDKの公開が活発化しており、オープンソースであることも相まって、今後、量子ゲート方式のハードウェアだけでなく、それを活用したアプリケーション、ソフトウェアの開発が進展するだろう。

　一方、量子アニーリング方式は量子コンピュータの性能強化が進み、同コンピュータ上で動作するアプリケーション開発環境のオープンソース化が進むことが予想される。アプリケーション開発環境が一般向けにも開放されていくことで、さまざまな領域における実験的な利用が進み、用途開発が進展するだろう。

---

78　D-Wave Japan「D-Wave、量子ハイブリッド戦略とD-Wave Hybridの一般提供を発表」、TechCrunch「D-Waveがハイブリッド量子プラットフォームを公開」、日経XTECH「D-Wave次世代機は「Advantage」、米ロスアラモス国立研究所が第 1 号顧客に」
79　https://www.dwavesys.com/press-releases/d-wave-announces-general-availability-first-quantum-computer-built-business

# 第 3 章

# 金融×IT活用のトレンド

# 01 金融サービス領域におけるIT活用のトレンド

　デジタル化の進展に伴い、その源泉となるテクノロジーの身近なサービスへの実装が進んでいる。金融業界も例外ではなくここ数年あまりで金融取引においてさまざまなテクノロジーが活用されるようになった。卑近な例でいえば、スマートフォンにクレジットカードを登録することで非接触決済が行えるモバイル決済サービスやAIが利用者に代わって自動で資産運用を行うロボアドバイザーサービス等があげられる。金融サービスにおけるテクノロジー活用の進展は、個人・法人の利用者における金融活動のあり方を大きく変化させつつある。たとえば、個人においては、これまで銀行店舗やATMが取引の中心であったものが、インターネットやスマートフォンが取引の中心へと推移し、かつモバイル決済サービス等を利用することによりキャッシュレスで日常生活が可能となっている。一方、法人においても同様に、自社の経理業務をスマートフォンで行うことができるほか、こうして入力された会計データをもとにしてオンラインでローンを申し込むことが可能となった。

　こうした利用者の金融活動の変化に加え、金融機関自身も業務プロセスの効率化や銀行間決済の高度化など、テクノロジーの活用により大きく変わりつつあるといえる。近年では、ブロックチェーンを利用した認証情報の共有や量子コンピュータの活用によるポートフォリオ最適化など最先端のテクノロジー活用に向けた取組みも進みつつある。

　本章では、こうしたテクノロジー活用に伴い、金融サービスがどのように変化し、それに伴い個人／法人の利用者の金融とのかかわり方がどのように変化したのか、また、これらのサービス提供にあたって金融機関自身がテクノロジー活用によってどのような影響を受けたのかを解説する。解説にあ

たっては便宜上、①UX（User Experience：ユーザー体験）・フロント、②預金・送金・決済、③個人向け与信商品、④法人向け与信商品、⑤投資・資産管理、⑥ミドル・バックと呼ばれる 6 つの領域を設定し、それぞれの領域におけるテクノロジー活用事例をみていくこととする。それぞれの概要は下記のとおりである。

① **UX・フロント領域**

主に顧客と金融機関との接点を担うものであり、具体的には銀行店舗、ATMといったフィジカルチャネル（物理チャネル）、スマートフォン、スマートスピーカー、さらにはウェアラブルデバイスといったデジタルチャネルなど、顧客が金融サービスを利用するための媒体において生じている新たな動きについて紹介する。同領域では、デジタルチャネルが顧客の生活に浸透することに伴い、これらチャネルから取得される個人に関するデータは増加傾向にあり、これらデータを分析・活用することでより顧客の生活行動に密着した金融サービスを提供する動きがみられる。

② **預金・送金・決済領域**

主に金融機関の預金口座に関連したサービス、顧客の資金移動に関連した送金サービス、そして商品・サービス購入時に行われる決済に関連した一連のサービスを指す。同領域においては、AIやブロックチェーンといった先端テクノロジーの活用が進み、そのサービスを大きく変化させつつある。また、UX・フロント領域同様にデジタル化に伴い、そのサービスのあり方ばかりでなくプロセスそのものも大きく変化しつつある。

③ **個人向け与信商品領域**

主に個人向けの住宅ローンやその他目的別ローン、またこれら商品提供にあたって活用されるスコアリングサービスを含む。特に、近年では、オルタナティブデータと呼ばれる金融機関以外の事業者やプラットフォーマーが有するデータを活用した商品の開発・提供など金融と非金融の融合が進む領域でもある。これらオルタナティブデータの活用による新たな商品の提供は、従来よりも広範な顧客層に対して融資が可能となるほか、より精緻な分析に

基づき金利面での優遇を図る動きへとつながる。

④　法人向け与信商品領域

主に法人向けのローン商品とそれに関連したスコアリングサービス等を含む。個人向け与信商品と比較して法人向け与信商品の分野では、早くからオルタナティブデータを活用する動きがあり、特にクラウド会計サービスと呼ばれるオンラインで会計業務を行えるサービスが中小企業や個人事業主に普及したことで、金融機関以外の事業者も法人向けの与信商品を積極的に提供している。また、紙による手続きが多く残るその事務プロセスにおいては、ブロックチェーンといったテクノロジーを活用することで、証跡管理の効率化や透明化を図る動きもみられる。

⑤　投資・資産管理領域

株式やその他関連資産に関する運用や管理に関連したサービスを指す。個人向けサービスにおいては、今後、資産形成を図る主要な世代である若年層を対象に、その資産運用・管理をAIが自動実行するなどのデジタルツールの提供が進められている。法人向けサービスにおいては、AIの活用に加えてその管理にブロックチェーンを用いることで、投資対象となる債券やその他資産をデジタルに管理する動きがみられる。このほか、ビットコインといった近年新たに誕生したデジタルな資産に関するサービスも広がりをみせつつある。

⑥　ミドル・バック領域

主に金融機関において事務プロセスやデータ顧客管理、さらには金融機関が利用するシステム全般を対象とするものである。金融機関においては、伝統的にこれらミドル・バック領域においてシステム活用を積極的に推進してきた経緯がある。このため、現代においてもその業務効率化に向けたテクノロジー活用が進んでおり、たとえば、AIを活用した事務プロセスの効率化やKYC（Know Your Customer：顧客確認）業務におけるブロックチェーンの活用などがあげられる。近年ではクラウドコンピューティングの活用も進みつつあり、勘定系システムそのものを他社のクラウドプラットフォーム上に

構築するといった取組みも始まっている。加えて、API（Application Programming Interface）を用いたシステム間でのデータ共有・連携が進んでおり、これに伴い、金融機関単独ではなく外部の異業種企業とそのシステムを連携させることで新たなサービスを組成・提供する体制が整いつつある。

# 02 UX・フロント領域

🔍 **KEYWORD** 生活行動に密着した金融サービス　• • • • • • • • • •

## 2.1　UX・フロント領域の概観

　たとえば、次のようなシーンを想像してほしい。ある人が街中を散歩している。ふと気がつくと路上には、イエローのスポーツカー。「子供の頃、憧れたなぁ」そうつぶやき、せめて記念に写真でも撮るかとスマートフォンをかざすと、AIアシスタントが一言「その自動車は最低販売価格が500万円。あなたの現在の財務状況では、購入をお勧めしません」それならばと、近くに駐車してあったコンパクトカーを写すと、「そちらは最低販売価格が140万円。金利2％、月々4万円の36回払いのローンが借りられます。販売店舗と金融機関を紹介しましょうか」とのご回答。「余裕ないと思っていたけど、意外と自動車が買えるのだな」

　スマートフォンを物にかざすだけで、AIアシスタントがその価格やローン、販売先までを教えてくれるサービスというと、遠い未来の話に聞こえるかもしれない。しかし、近年のテクノロジーの発達は著しく、すでに類似のサービスが実現しつつある。上記のサービスはおおむね、スマートフォンのカメラを介した画像認識技術、APIによる自動車販売データベースや個人の財務管理ツール、銀行を含むローン事業者の情報へのアクセス等によって実現できる。現在、多くの人が所有するスマートフォンに加え、スマートスピーカーやウェアラブルデバイスといったデバイスが普及したことにより、

個人はいつでもどこでもデジタルサービスにアクセスできる。これに伴い、こうした身の回りにあるデバイスから個人の人となりがわかる情報が取得され、前述のテクノロジーと組み合わせることにより、よりパーソナライズされたデジタルサービスが利用可能となっている。

　テクノロジーの発達とそれに伴うスマートデバイスの普及は、さまざまなデジタルサービスを私たちの生活に浸透させた。金融サービスもより個人の生活に溶け込んだ形態で提供されることが求められつつある。たとえば、モバイルアプリに個人のパーソナルバンカーのように相談できるAIアシスタントを実装することや、異業種企業が提供するデジタルサービスと連携して、シームレスに決済やローンといった金融サービスを提供する等、身近なスマートデバイスを通じて付加価値の高い金融サービスの提供が進む。

　店舗を中心としたフィジカルチャネルもまた、デジタル化によりそのあり方が大きく変化している。デジタルチャネルが金融サービスの主要な顧客接点となるなか、フィジカルチャネルはこれらデジタルチャネルを補完し、かつ、その顧客経験を強化する役割が求められている。

　ここでは、UX・フロント領域においてテクノロジーがどのようにサービスを変容させているかについて、デジタルチャネルにおける個人の生活に密着した金融サービスの事例を紹介する。あわせて、フィジカルチャネルにおいても同様に、テクノロジーを活用した高品質な相談業務を実現する事例も紹介する。

## 2.2　AR機能を用いた生活空間と金融サービスの融合

### 2.2.1　提供の背景

　銀行における個人顧客向けサービスにおいては、自動車や住宅を購入する際のローン提供が大きな収益源となっている。しかしながら、これら高額な商品や物件の購入にあたって、顧客の満足度は決して高くない。米国の大手

金融機関Capital Oneの調査によれば、米国人の94％は自動車の購入プロセスに透明性がないと考えているほか、80％は自信をもって自動車の購入ができていないと感じている。また、約半数は自動車に関して調べることや購入することは、大学を決めることや赤ちゃんの名前を決めることよりも時間がかかると考えている。このように自動車といった耐久消費財の購入プロセスは、不透明な箇所が多く、ほとんどの顧客にとって満足度の高くないものであり、こうした不透明なプロセスを顧客によりわかりやすく示し、顧客の購買意欲を高めるような仕組みをつくることは、金融機関にとってもローン提供の機会をさらに増加させる重要な取組みである。

### 2.2.2　サービス概要

米国大手金融機関Capital Oneは、スマートフォンに実装されたカメラを用いた、AR（Augmented Reality：拡張現実）技術による自動車購入支援サービスを開発、2018年より提供開始している。

このサービスでは、スマートフォンのカメラで街中にある自動車にピントをあわせると、その自動車の車種を特定し、価格帯やディーラーでの販売状況、ローンを借りた場合の月々の支払いの額等をスマートフォンの画面にAR技術を用いて表示する。加えて、ローンの仮審査を実行することができる（図表３－１）。

### 2.2.3　活用される技術

同サービスでは、スマートフォンのカメラでとらえた自動車の車種の識別について、iOS端末ではAppleの機械学習フレームワーク「CoreML」、Android端末ではGoogleの機械学習ソフトウェアライブラリ「Tensorflow」を用いて開発された機械学習モデルで実行する。識別された車種をもとに、Capital Oneが独自開発したアルゴリズムにより、全国12,000以上のディー

> ▶ 図表 3 - 1　ARによる自動車価格の表示

（注）　2020年 4 月時点
（出所）　App Store「Capital One Auto Navigator」

ラーから収集した300万台以上の自動車販売状況のデータベースから、自動車の価格や融資条件を算出する。また、情報のARでの出力については、iOS端末ではAppleのSDK「ARKit」、Andoroid端末ではGoogleのSDK「AR-Core」を用いる。

### 2.2.4　サービスの価値

　同サービスは、スマートフォンのカメラで自動車を撮影するだけで即座に当該自動車の情報を取得、購入時に利用可能なローン条件を確認、仮審査を受けられるサービスとなっている。これにより顧客は、"思い立った瞬間に"自動車購入までのプロセスをたどることができるほか、ローンの事前承認を受けたうえでディーラーへと赴くため、購入間際になってディーラーから提示される融資提案が予想より高いといった事態を避けることができる。

また、Capital Oneにとってはそうした顧客へのローン提供機会をとらえることのできるものとなっている。

### 2.2.5　今後の展望

　Capital Oneのサービスはカーローンを対象としたものであるが、オーストラリアのCommonwealth Bank of Australiaでは、以前より住宅にスマートフォンカメラをかざすことで価格や住宅ローン情報を表示する住宅ローン版アプリを開発している。現状では、こうした自動車や住宅といった高額商品・物件向けのサービス開発にとどまるが、将来的にはスマートフォンのカメラ性能やAIの性能向上に加え、APIによる異業種サービスとの連携簡易化により、より広範な消費活動に対して同様のサービスを提供できるようになる可能性がある。こうした顧客の"思い立った時"をとらえた金融商品提案は今後、さらに増加することが見込まれる。

## 2.3　AIによるパーソナルアシスタンスサービス

### 2.3.1　提供の背景

　金融機関においては、モバイルバンキングサービスの提供が一般化しているが、その多くは、口座情報の照会や振込み等といった基本機能にとどまっているのが実態ではないだろうか。なかには、インターネットバンキングのUI（ユーザーインターフェース）をスマートフォン向けに変更しただけといったものもみられる。米国や英国など、新興企業による金融サービス提供が活発な国々においては、まず新興企業のサービスにおいてUI、UX（ユーザー体験）に優れたサービスの提供が先行し、次いで金融機関においてもこれら新興企業に対抗するため、利便性の高い機能の実装が進められている。特に近年では、AIを活用したサービス開発が進展し、たとえば、AIが音声

による顧客の質問や指示内容を理解し、情報の検索・分析を実行するパーソナルアシスタンスサービスの実装が進む。

### 2.3.2　サービス概要

　米大手金融機関Bank of America（以下、BofA）では、自行モバイルアプリに、音声によって情報入力、指示可能な独自のAIアシスタント「Erica」を実装し、顧客からの情報照会や顧客へのアドバイスに活用している。

　Ericaは、定型かつ単純な質問に対しあらかじめ準備された回答を行う一般的なチャットボットと異なり、顧客が口語でテキスト入力・音声入力した内容に対して、柔軟に回答できる高度な分析力をもっている。たとえば、「先週、Amazonでいくら利用した？」や「今月の食料品への支出状況は？」といった口頭での問いかけに対し、支払い費目単位で詳細な応答を行う。また、AmazonやWalmart、Target、Uberといった大手サービスの利用に関する情報照会では、「○○でのすべての取引をみせて」と音声で伝えるだけでそのサービスの取引情報を一覧化して照会できる。こうした過去の取引や支出状況の確認といった情報照会だけでなく、口座振替や請求書支払い、個人間送金といった資金移動を伴う指示や、カード紛失時などの緊急時にデビットカードの利用を止めるといった指示についても、口頭で話しかけるだけで実行することができる（**図表 3 − 2**）。

　また、Ericaは、BofA内部で利用されている顧客の支出や予算の管理ツールとデータ連携しており、顧客がEricaの利用からコールセンターへの電話に切り替えた場合に、コールセンター側にこれら管理ツールの内容が表示されるように設計されている。これにより、顧客のEricaにおける情報はコールセンターに引き継がれるため、シームレスに対人での応対へと切り替えることができる。その際、顧客の本人認証はBofAのアプリを利用している時点で完了しているため、コールセンター側があらためて顧客情報を聞くことはない。

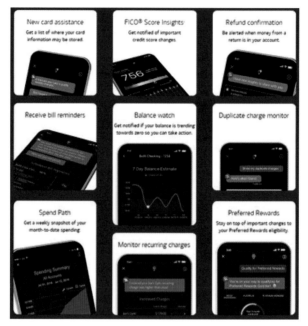

（出所）　Bank of America公式Webサイト

### 2.3.3　活用される技術

　高度な自然言語処理を行うAIアシスタントの実装に向けて、BofAでは金融取引に関する言語を大量に学習させている。たとえば、「資金の移動」を示す言葉は、英語では一般的に2,000程度存在するが、機械学習を用いることでこうした大量の言語を学習データとして活用している。また、サービス開始後も顧客との会話データを常時分析、半年間で20万に及ぶ顧客との会話をサービス改善に活用している。加えて、顧客の発話を高精度に理解するだけでなく、行内の各種取引データをふまえた具体的な提案まで可能にするためEricaが各種取引データを参照できるようにミドル・バック領域の改修も

行っている。一連のサービス開発をインハウスの約100名のチームが、２年程度の期間を要して実施した。

### 2.3.4 サービスの価値

　顧客は、金融に関する情報照会や取引の実行に際し、モバイルアプリでEricaを立ち上げ、人間に対して発するような自然なフレーズで情報入力が可能であることから、人と会話するような感覚で簡単に利用でき、取引は平均３分程度で処理できる等、直感的かつ利便性の高いUXを実現している。

　日常会話のような発話でサービスにアクセスできる簡便さに加え、AIによるパーソナライズされた提案機能を具備していることから、モバイルアプリでありながら行員よりも高性能かつ、対人よりも高速で相談可能な利便性の高いインターフェースとなっている。

### 2.3.5 今後の展望

　対話型インターフェースという優れたUXと、AIによる高度な分析力から、Ericaの利用者は2020年８月時点で、同行モバイルバンキングアプリ利用者のおよそ半数に当たる約1,500万人に達しており、その多くをミレニアル世代やＺ世代が占める等、特に若年層に訴求している。また、平均15万人もの利用者が、毎週Ericaを通じて配信される、週の支出内容に関するスナップショットやFICOスコアの変化といった分析を閲覧する等、継続的に利用されており、今後も利用拡大が見込まれる。

　BofAではEricaについて定期的にアップデートを行い、その機能拡充に努めている。2019年10月には、利用者のクレジットカード債務の削減に向けたヒントの提供や、利用者の身に覚えのないカード利用を照会する機能などが追加され、2020年初頭には、カード更新時に、これまでのカードで定期購入していた費目を一覧で確認できる機能等が追加された。今後は、デジタル

チャネルでありながら行員と遜色ないインターフェースで、より顧客の生活に密着した対応が実現していく可能性がある。

　高性能なAIアシスタントの開発・提供は、BofAだけでなく、米国Capital Oneの「Eno」やカナダRoyal Bank of Canadaの「Arbie」、香港上海銀行（以下、HSBC）の「Amy」等、各国・地域の大手行も進めており、将来的には日本を含め、グローバルで共通のトレンドとなりうる。

## 2.4　API連携による個人の金融行動の改善

### 2.4.1　提供の背景

　顧客の生活を取り巻くデバイスとして、スマートフォンに加え、ウェアラブルデバイスやスマートスピーカー、スマート家電等のさまざまなデバイスが登場しており、オンラインでの顧客接点は拡大している。その一方で、こうしたデバイスにおいて金融サービスを提供するにあたっては、金融機関がそれぞれのデバイスに合致したサービスを構築、実装する必要があり、デバイスの増加に対し、事業者によるサービスの開発、提供が追いついていない。また、顧客によって利用するデバイスやデバイスに求めるサービス・機能は異なっていることから、顧客の普段の生活に浸透するよう複数デバイスを連動させて金融サービスを構築することは困難である。多様化するデジタルチャネルを適切に活用し、顧客とのリレーションを強化することは金融機関にとって課題となっている。

### 2.4.2　サービス概要

　英国チャレンジャーバンク[1]Monzoは、さまざまなAPIを組み合わせるこ

---

1　銀行免許をとって銀行サービスを始める銀行スタートアップのこと

とでユーザー自身でサービスを連携することができるサービス「IFTTT」に、金融機関として初めて対応し、顧客が独自の金融行動促進サービスをつくりだすことができるようにしている。

Monzoは、2019年時点で、同行がポットと呼ぶ貯蓄サービス（預金口座とは異なる口座をバーチャルに設定し、貯蓄目的に応じて預金を振り分けて貯蓄しておくサービス）の入金・出金機能をIFTTTにおいてAPIとして公開している。Monzoの顧客は、IFTTTに公開されているポットに関するAPIを他のサービスやデバイスと連携させることで、たとえば、Apple Watchで1日のカロリー消費を計測し、それに応じて一定額を貯金したり、デバイスのGPS機能を用いることで、ジムに行った際に自分に報酬として使うことができる金額をポットに付与したりすることができる（図表3-3）。

### ▶ 図表3-3　Monzoで組成できるサービスの一例

* Monzo公式サイトからの通知をメール配信

* 毎日£1を貯蓄用口座から決済用口座に資金を移動、次の日から£1ずつ移動額がアップする

* Monzoが新しいAppletを発表したらメール配信

* Monzoのカードで決済するたびにSMSに通知を送信

* （天気予報データより）雨の日であれば決済用口座から貯蓄用口座に決められた金額を移動

* Monzoのカードで外貨による決済を行ったら、Monzoの貯蓄口座から決済用口座に決められた金額を移動

* Monzoのカードでコーヒーを決済したらiOSのリマインダー機能で2時間後に水を飲むよう通知

* Stravaで、ランニング、サイクリングで距離を10m計測したら1ペニーを貯蓄用口座から決済用口座に移動

（出所）　IFTTTより（翻訳は筆者）

### 2.4.3　活用される技術

　IFTTTはWeb上におけるさまざまなアプリケーションをAPIで連携し、自動で機能するサービスを構築するためのプラットフォームである。IFTTTでは、トリガー（機能の起点となる行動）とアクション（トリガー発生時に行う行動）を設定することで、アプレットと呼ばれる自動化ルールを作成する。Monzoでは、このトリガーおよびアクションとして設定可能な機能として、ポットにおける入出金を行うAPIを公開している。

### 2.4.4　サービスの価値

　Monzoは、IFTTTにAPIを公開するだけで、顧客自らがそれらをもとに自身の金融行動の改善に向けたデバイス連携を行うため、サービス設計に係るコストが削減されるほか、より顧客の日常生活に溶け込んだ金融サービス提供が可能となる。顧客にとっては、銀行によって画一的に提供される金融サービスではなく、自身の手でつくった自身の生活様式に合った金融サービスを利用することができるようになる。

### 2.4.5　今後の展望

　Monzoでは、将来的にトランザクションごとのメモや領収書のアップロード、カードの利用停止・利用停止解除、共同口座への資金移動等の機能を実装することも検討しており、今後さらに自由度の高い金融サービスを構築することができるようになる。また、IFTTTについても、2019年時点ではGoogleやFacebookといった大手サービスに加え、Amazon Alexa、Fitbit、Philips Hue（スマート家電）といったデバイスに至るまで、500以上のさまざまなインターネットサービスと連携可能となっている。今後、より多くのサービス・デバイスのAPIがIFTTTに登録されることになれば、組成可能

な金融サービスの幅も拡大し、より顧客の生活に浸透していくことが予想される。

## 2.5　アバターによるトップエコノミストの再現

### 2.5.1　提供の背景

　ウェルスマネジメントの世界では、そのクライアントである富裕層の顧客を対象にトップエコノミストによる個別面談が行われている。面談においては、エコノミストが経済や市況について、現在の状況から今後の動向までを多種多様なデータを提示しながら、顧客に説明を行う。そのため、顧客との対面での面談が求められる一方、金融機関側にとっては、顧客訪問の必要性や店舗エリアといった物理的な制約から、エコノミスト一人当りで担える業務範囲は限定的となっている。

### 2.5.2　サービス概要

　スイスの投資銀行UBSは、同行に在籍するトップエコノミストであり最高投資責任者であるDaniel Kalt氏のアバター（デジタルに表現された人間の分身）を生成、顧客が今後の経済活動等についてビデオチャットのような形式で相談することができるサービスを開発している。

　このサービスでは、顧客は、店舗内の専用の部屋において、設置されたコールボタンを押しながら発話することでアバターに質問することができる。アバターは、顧客の質問内容を理解し、応答文を自動で作成、該当するデータをグラフ等にビジュアル化して表示しながら、リアルタイムアニメーションによる表情変化と合成音声により、人間のように応対を行う（**図表3－4**）。

▶ **図表 3 - 4　アバターを交えた面談**

（出所）　Finextra「UBS puts digital clone of chief investment officer in branch」

### 2.5.3　活用される技術

　アバターの応答には、実際のDaniel Kalt氏の著作や講演内容をもとに教育された、IBMのAIサービス「Watson」が用いられている。Watsonの自然言語処理機能を用いることで、顧客からの質問を音声で理解、瞬時に応答文を生成し、合成音声で説明する。この音声の理解から説明に至るまでの処理はわずか200ミリ秒以下で実行され、人間のような迅速な応対を実現している。また、アバターが人間らしくみえることを目指しており、アバター作成にあたっては、Daniel Kalt氏の顔にドットを付け、120の高感度カメラで撮影、2万～4万ものポリゴン（3次元コンピュータグラフィックスで用いられる平面のデータ）を用いることで、実物と見間違う精度の顔を作成している（**図表 3 - 5**）。

　加えて、部屋に設置されたセンサーを用いて、顧客の室内における位置や表情を識別することで、顧客の反応をふまえたよりヒューマンタッチな応対を行えるようにする。

▶ 図表 3 － 5　Daniel Kalt氏のアバター作成過程

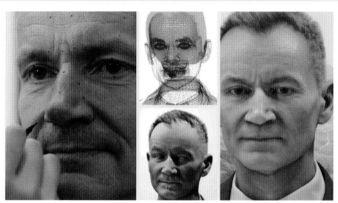

（出所）　THE TIMES「You can't be in three places at once: but UBS's cloned banker shows you can」

### 2.5.4　サービスの価値

　UBSはこのサービスを通じ、Daniel Kalt氏というトップエコノミストをデジタルに再現することで物理的制約を排除し、低コストで品質の高い面談サービスを提供できる。これにより、機関投資家や超富裕層に加え、マス富裕層に対しても、バーチャルにDaniel Kalt氏との面談を実現することができる。顧客にとっても、トップエコノミストのインターフェースを通じて提案されることで、たとえAIによる判断、アドバイスであったとしても、納得感をもって受け入れることができるものと考えられる。

### 2.5.5　今後の展望

　2018年時点では、アバターは、AIの学習時に入力したDaniel Kalt氏に関するデータを超えた範囲では会話できず、音声と唇の動きが一致しない等、エコノミストを完全に再現した精度には達していない。UBSでは、今後「顧

客がネクタイをしていなかったらアバターもネクタイを外す」「顧客が青い
シャツを着ていたら、アバターも青いシャツに着替える」といった、より顧
客に対して友好的なインターフェースの実現が目指されており、分析能力の
高度化も相まって、将来的にはこれらAIを用いたアバターがファイナン
シャルプランナーの業務を代替するかもしれない。また、アバターが実際の
ファイナンシャルプランナーと同等にまで再現されるようになれば、顧客は
店舗に赴き行員の面談をする必要がなく、自宅でアバターと面談するだけで
すむ。将来的には、AR／VR技術を用いることで現実空間よりも高付加価値
な面談が受けられるようになる。

# 03 預金・送金・決済

## 3.1 預金・送金・決済の概観

**KEYWORD** 日常生活に溶け込んで貯める、送る、支払う
Invisibleなサービス

　読者が最近よく利用する支払手段は何だろうか。本書を購入する際にその代金をクレジットカードで支払った、もしくは、コンビニエンスストアで飲み物を購入する際に電子マネーで代金を支払った等、日常で利用する支払手段は購入する場所や商品・サービスに応じて変化しているはずである。しなしながら、これまでわが国においては現金による決済がその太宗を占めており、経済産業省が2018年に公表した「キャッシュレス・ビジョン」においても、日本は諸外国と比較して日常生活におけるキャッシュレス決済の比率が低いことが判明した。こうした状況を受けて、わが国においてもキャッシュレス決済の普及に向けてさまざまな施策が実行されているのは周知のとおりである。

　2018年以降、わが国ではモバイル決済サービス事業者が大規模なプロモーションを行い、消費増税に伴うポイント還元事業といった国を挙げたキャッシュレス決済推進キャンペーンが展開されている。街中でも決済サービスのロゴやキャッシュレス決済専用のレジをみかける機会が増えている。このようにわが国においては、キャッシュレス決済に向けた利用環境の整備が急速に進み、消費者の行動も変化しつつある。

　近年、急速な環境変化が生じている決済シーンであるが、海外において

は、生体認証、AI、ブロックチェーンといったテクノロジーを活用することで、より革新的なサービスが誕生している。誰に、いくら、どのように支払うのかといった決済時に必要となるプロセスを完全に取り払うことで、決済時の手間や煩わしさを排除したフリクションレス（Friction-less）な（Friction：摩擦や軋轢を意味する英単語）決済サービスの提供を実現している。送金・決済サービスにおいては今後、サービスを利用した後に「お金を送る」「お金を支払う」といった特定の行為を指図しなくとも自動的に代金が利用者の銀行口座から引き落とされるようなサービスが主流になってくるだろう。利用者からみれば、送金や決済サービスが日常の生活や業務のなかに溶け込み、"Invisible"（見えない）な状態にあるといえる。

　ここでは、前述のとおり、先進的な送金・決済サービスに関して取り上げるほか、預金に関するサービスについても言及する。送金・決済サービスのデジタル化に伴い、送金・決済の代り金や預金といった金銭的な価値の保存もまた、デジタル化が進むものと考える。お金の移動、その（価値の）保存といった基本的な機能がデジタル化されることでその取扱いにあたってのコストを大幅に下げることにつながる。このことは、世界に約17億人存在する

▶ 図表 3 － 6　直近に利用した支払手段が「現金」の割合

（出所）　Riksbanken "Sevenska folkets betalningsvanor 2018", 富士通総研（2018年11月）「個人向けキャッシュレスに関する調査」をもとにRidgelinez作成

とされるunbanked層においても、スマートフォン等のデジタルデバイスを介して金融サービスへのアクセスが促進されることを意味する。

　以下では、決済サービスにおいてデジタル技術を活用することで個人のUXを向上させた事例、法人の決済業務においてそのプロセスを含めて使い勝手を向上させた事例を紹介するほか、デジタルマネーの普及に伴い、金融サービスへのアクセシビリティが向上している事例について紹介する（**図表3-6**）。

## 3.2 顔パス（顔認証）によるフリクションレスな決済サービス

### 3.2.1 提供の背景

　わが国では小売業や飲食業の店頭におけるキャッシュレス決済の普及が拡大している。店頭のキャッシュレス決済では、NFCを活用しカードやスマートフォンを端末にかざして決済を行うタッチ決済やQRコード等の2次元コードをスマートフォンで読み込む、スマートフォンにコードを表示し店頭端末で読み込むことによって決済を行うコード決済の導入が進んでいる。

　これらのキャッシュレス決済サービスは、現金を取り扱う煩わしさがないことから、しばしば「フリクションレス」（friction（摩擦）がない状態、つまり、煩わしさがない状態のこと）と称される。しかしながら、カードやスマートフォンを取り出し、決済手段を伝えて店頭端末にかざす、もしくはアプリを起動するといった新たな行為が生じており、場合によっては現金の決済より手間がかかる。キャッシュレス決済には、まだ利便性向上の余地がある。

　そこで活用が注目されているのが生体認証技術である。特に顔認証を活用した認証は、手をかざす等の行動すら必要がない最もフリクションレスな認証手段の1つである。ここでは、中国における生体認証を活用したフリクションレスな決済サービスの実現に向けた動向を紹介する。

### 3.2.2　サービスの概要

　中国では顔認証技術を活用することによってカードやスマートフォンといった物理的な媒体を操作せずに代金を支払うことができる決済サービスが実現している。

　同サービスを提供するのは企業間電子商取引のプラットフォームの提供で急成長したAlibabaグループのFinTech企業Ant Financialである。同社は、顔認証による決済が可能な専用タブレット端末「Dragonfly」を開発、提供している。

　同サービスの利用にあたり利用者はあらかじめAlibabaのサービスを通じて顔を登録する。その際にAlipayと顔情報を連携させることでAlipayでの決済が可能となる。通常のAlipayのサービスではQRコードを読み取る必要があるが、Dragonflyによる顔認証決済の場合では、QRコードを読み取る必要がなく、店頭に設置された端末で、顔認証のみで決済を完了することができる（**図表3－7**）。

▶ **図表3－7　「Dragonfly」の利用シーン**

（出所）　China Daily「Alipay upgrades facial-recognition system」

### 3.2.3　活用される技術

　Dragonflyの特徴は、顔認証デバイスが従来の10分の１まで小型化され、かつ、加盟店の導入コストが80％削減できる点である。背景にはDragonflyの実現に不可欠な顔認証技術の発達があげられる。

　Alibabaの傘下で認証サービスを提供する企業であるZOLOZでは、「Smile」と呼ばれる独自の顔認証サービスを開発している。Dragonflyでは、この認証技術を採用し、高精度な顔認証を実現している。生体認証技術では、利便性と堅牢性はトレードオフの関係にある。たとえば、堅牢性を向上させるためには認証の際に確認する特徴量を増やす、２段階で認証を行うといった方法があるが、認証のプロセスに時間や手間を要し利便性が毀損される。

　Dragonflyに採用されているSmileは、3Dカメラ技術を活用して顔認証を行うことを特徴とし、その際の顔認証のエラー率は100万分の１と、世界でも最高水準となっている。Smileの認証技術を活用すると顔情報を登録した時点より化粧を濃くしたり、髪形や髪色を変えたり、スキャナに複数人の顔が入っている場合でも、個人を特定し、認証することができる。Dragonflyはこのような高度な技術を活用することによって決済に利用できる水準の堅牢性と利便性を実現している。

### 3.2.4　サービスの価値

　Dragonflyを利用することによって利用者は、財布やスマートフォンを取り出す必要なく、顔の認証によって簡単に代金を支払うことができる。生体認証のなかでも顔認証が特に優れている点は、手の平や指を特定のセンサー部分にかざすといった行為すら必要なく、顔がカメラで撮影できれば認証が可能である点である。現在、Dragonflyを利用して決済を行うためには、利用者は店頭に設置された専用のタブレット端末を操作し、顔認証を行う必要

がある。しかし、昨今の顔認証技術では、街中や施設内のカメラの画像から人物を特定することも可能となってきており、将来的には利用者が気づかないうちに顔を撮影するだけの「顔パス」で決済を行うことが技術的には可能となると予想される。利用者が気づかないうちに決済がすんでしまうサービスが実現されれば、究極的にフリクションレスなサービスといえるかもしれない。

### 3.2.5　今後の展望

　現状のDragonflyのエラー率は100万分の1とされているが、認証精度の向上に向けた取組みは今後も継続されるものと予想される。また、導入店舗の拡大を見据えた装置の小型化や低価格化も論点となるものと考えられる。Dragonflyは、中国国内のファーストフード店、コンビニエンスストア、スーパー等で利用可能となっており、今後は、個人経営の商店等まで利用を拡大する予定となっている。わが国においても利便性の高いキャッシュレス決済を実現する手段として、顔認証に代表される生体認証技術の活用が期待される。

## 3.3　バーチャルカードナンバーとAIによる経費精算効率化

### 3.3.1　提供の背景

　法人向けの決済サービスにおいても、デジタル化に向けた取組みが進んでいる。法人向けの決済サービスでは、キャッシュレスで決済を行うだけではなく、決済に取引データ等を含む拡張データを付加する、業務システムに決済の機能を組み込む等によって、企業の決済にかかわる業務プロセスをEnd to Endで効率化している事例が見受けられる。

　わが国では、2018年より全銀EDIシステム（ZEDI）が稼働し、銀行を利用

した企業間決済に取引を識別する番号や取引内容に関連する拡張データ等を付加することができるようになった。この拡張データを活用することによって、企業は決済と商取引の履歴を紐づけることが容易になり、期日通りに支払いを実施したか、入金があったのかを請求の履歴と突合して確認する消込業務を効率化することができるようになった。ZEDIを活用するためには、決済の支払手の企業、受取手の企業の双方が業務システムを改修する等の対応が必要であることから、普及は道半ばである。

拡張データの活用等により決済にかかわる企業のバックオフィス業務の効率化に注力しているのがクレジットカード会社である。クレジットカード会社では、取引ごとに仮想のカード番号（バーチャルカードナンバー）を発行し、商取引と決済を結びつけることによって、前述の消込業務を効率化するソリューションを提供する等、法人顧客に対する付加価値提供が進んでいる。

### 3.3.2　サービスの概要

米国の大手金融機関U.S. Bankと、支出レポートや請求書管理ソリューションを提供する米国企業Chrome River Technologiesは法人向けの出張旅費決済、精算サービス「Expense Wizard」を開発した。同サービスにより、企業の管理者は従業員の出張ごとに利用額に制限をつけたバーチャルカードを発行する。同クレジットカードは、カードごとに限度額や利用できる加盟店を制限することが可能であり、従業員の決済を制限付きのクレジットカードで行うことにより経費管理を高度化することができる。

Expense Wizardの利用により、従業員は出張旅費を決済し、出張後は自動で経費精算レポートが作成できる。同サービスでは紙の領収書の精算にも対応しており、領収書を撮影することで内容を読み取り、申請レポートを自動で作成することができる。バーチャルカードナンバーを用いた決済だけではなく、多様な経費決済シーンで利用できることが同サービスの強みである。

▶ 図表 3 − 8 「Expense Wizard」の画面

（出所）　Finovate Spring 2019にて筆者撮影

　また、Expense Wizardのアプリにはチャットボットが搭載されており、カード決済を検知すると決済した店舗の情報から費目の分類を自動で提案し、「伝票を上司に回送しますか？」等の事務処理の案内を受けることができる。チャットボットから案内を受けた従業員はチャットで返答し、上司への回送や領収書の仕訳等を行うことができる（**図表 3 − 8**）。

### 3.3.3　活用される技術

　Expense Wizardを実現する技術要素として、決済の内容に基づき経費精算の申請内容を自動で作成し、企業の業務ルールに従った仕訳を行うAI技術がある。

　同サービスでは経費申請の情報入力にあたり、バーチャルカードナンバーを用いた決済の場合は、カード決済の情報から申請内容を自動で作成することができる。紙の請求書の場合は、Chrome River Technologiesが開発したOCR技術によって請求書が傾いていたり、折れ曲がってしわが寄っていたりしても決済の時間や内容、決済手段といった情報を読み取り、自動で経費

精算レポートの入力項目を埋めることができる。

　カード決済の情報や読み取った領収書の情報の仕分けを行うために Chrome River Technologiesでは、導入企業のビジネスルールを柔軟に取り込むことによって各社の規定等に適合した仕訳を提案することができる技術を開発した。たとえば、コンプライアンス上、先日付の伝票が起票できないルールがある企業の場合、経費申請の内容をもとに自動で再起票か承認者への回送かが選択され従業員に通知される。

　このようにExpense Wizardでは、バーチャルカードナンバーだけではなく、支払内容の認識や業務上の判断を行うAI技術を活用することによって、より強力な業務の効率化を実現しているのである。

### 3.3.4　サービスの価値

　Expense Wizardの価値は、決済だけでなく決済に関連する周辺のバックオフィス業務の効率化を実現している点にある。たとえば出張報告の場合、従来は従業員が立替払いの領収書をもとに経費精算のレポートを作成し、上司や管理部門に報告する等、手間のかかる業務であった。本サービスを利用することにより、従業員の出張に関連する決済はバーチャルカードナンバーに統合、自動で分類され簡単にレポートを作成することができる。また、精算業務の手番について自動的に提案を受けることができ、従業員は業務上のミスや手間を軽減することができる。

### 3.3.5　今後の展望

　現在、国内外で決済に拡張データを付加し、業務の効率化を実現する取組みが多数進められている。先進的な事例では、業務の自動化や決済の内容に応じた後続業務の提案を行う機能が提供されている。このような企業のバックオフィス業務を効率化するソリューションの一部に決済の機能が組み込ま

れていく潮流は今後も継続するものと予想する。たとえば、クレジットカード会社は現在、決済機能を業務ソリューションに組み込みやすいようさまざまなAPIを提供している。決済のインフラ提供を生業とするクレジットカード会社は、業務ソリューションに自社の決済機能が組み込まれ、自社の決済トランザクション数が増えることで収益拡大につながるのである。

　決済の機能がAPI化され、従業員が利用する業務ソリューションに組み込まれる潮流が継続することによって、決済サービス自体は利用者である企業や従業員からはみえにくいものとなる。決済サービスを提供する金融機関は、業務ソリューションを提供する事業者に対し、魅力的な機能や付加価値サービスを提供する裏方の存在としての役割が強くなっていくことであろう。

## 3.4　ブロックチェーンを活用した貿易取引自動化

### 3.4.1　提供の背景

　企業の決済には先に紹介した経費に関連する支払いと仕入れ等の売上原価に関連する支払いの大きく2つの決済がある。経費の決済は、少額で頻度が多く、精算等の業務負荷が課題となる。一方、原価の決済は1回当りの決済金額が高額であり、企業間決済の市場全体に占める割合が圧倒的に大きい。企業向けの決済サービスを提供する金融機関としては、原価の決済を獲得することにより、決済手数料に加え、仕入れや売上額から業績を把握し融資や保険といった他の法人向け金融商品を提供する足がかりにもなる。

　原価決済のなかでも海外からの仕入れや販売を行う際に発生する貿易取引は、クロスボーダー決済や貨物保険等の複数の金融取引が関連し、作成する書類や事務手続が多く、企業にとって業務負荷が高い。そのため、事務体制を整備できない小規模な企業では海外取引による業容拡大はハードルが高いと考えられる。

　以下では、ブロックチェーンを活用した決済の自動化等、貿易取引における企業の業務効率化ソリューションを金融機関が自行の顧客である中小企業に提供している事例を紹介する。

### 3.4.2　サービス概要

　独Deutsche Bank、HSBC、仏Societe Generaleといった欧米の14銀行は、ジョイントベンチャーを立ち上げ、ブロックチェーンを用いた貿易金融プラットフォーム「we.trade」を構築した。貿易金融の分野ではこれまでにもさまざまな銀行が実証実験に取り組んでいたが、2019年5月にNordea Bank、Societe Generaleがwe.tradeを活用した顧客向けサービスの提供を開始しており、実用化の観点ではwe.tradeが先んじている。

　we.tradeでは取引先（売り手、買い手の双方）を検索し、マッチングを行う機能が実装されており、利用企業はwe.tradeを活用することで取引拡大の機会を得ることができる。利用企業は取引先が決定した後、取引の詳細な条件をwe.tradeのフォームに入力する。同フォームでは支払いの方法や「請求書が発行されてから何日後」といった支払いの条件を設定することが可能となっており、ここで設定した内容に基づいて問題なく貿易取引が行われると自動で支払プロセスが実行される仕組みとなっている（**図表3－9**）。

### 3.4.3　活用される技術

　各国の金融機関では、貿易取引に関連する事務の効率化を目的としてブロックチェーンを活用したさまざまな実証実験が行われてきた。貿易取引は売り手、買い手およびその取引銀行、運輸会社、監督機関、保険会社と多数の関係者が取引内容を参照することから非改ざん性に加え、情報の透明性の確保が重要であり、ブロックチェーンの強みが発揮できる業務領域である。

▶ **図表 3 － 9　利用企業向け条件設定画面**

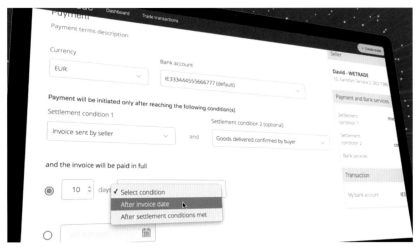

（出所）　we.tradeデモビデオから引用

　we.tradeのブロックチェーン基盤にはHyperledger Fabricベースの「IBM Blockchain Platform」が活用されている。we.tradeでは、ブロックチェーンに取引データを書き込む際にタイムスタンプと固有のデジタル署名を付与し、取引を管理する仕組みとなっている。取引情報は分散型台帳で管理され、特定の事業者に集約されることはない。

　we.tradeでは、決済プロセスの自動実行を実現するためにスマートコントラクトが実装されている。同サービスを利用した貿易取引では事前に合意した契約に基づき入力した取引条件通りのプロセスがブロックチェーンに書き込まれると契約に基づく支払プロセスが自動実行される仕組みとなっている。

### 3.4.4　サービスの価値

　従来の貿易取引は煩雑な手続き等、企業の業務負荷が課題となっていた。

we.tradeでは中小企業を主なターゲットとして、取引先とのマッチングや決済の自動実行といった貿易取引に関連する機能を包括的に提供し、中小企業の業務の効率化を実現している。金融機関にとっては、顧客企業の業務を効率化することにより、貿易取引の活発化による顧客企業の業容拡大を図るねらいがある。

### 3.4.5 今後の展望

we.tradeは立ち上げに参加した銀行が順次サービスを開始している状況にある。同サービスは取引相手を検索するマッチングプラットフォームの役割も担うことから、利用企業数が重要であり、今後導入金融機関やサービスを利用する企業がどこまで拡大できるのか注目される。世界ではwe.tradeのほかにも貿易取引の分野ではブロックチェーンを活用した取引効率化に向けたプロジェクトが複数進行しており、同分野で有用なサービスが今後も提供される可能性が高い。

## 3.5 預金を代替する価値保存の手段

### 3.5.1 提供の背景

預金口座をもつことはデジタルな金融サービス利用の起点となる。口座をもつことによって送金や決済のサービスを利用することが可能になり、まとまった額のお金を貯め、保管し、資産を形成することが可能となる。前述のように、世界には銀行口座をもたないunbanked層が約17億人いるとされる。デジタルな金融サービスではこの17億人の経済的な活動を支援するために何ができるのだろうか。

### 3.5.2　サービス概要

　銀行の預金に替わる経済的な価値の保存方法として注目されているのがブロックチェーンを活用したステーブルコインである（**図表3−10**）。

　Facebookは2019年6月にステーブルコイン「Libra」の詳細を発表した。発表当初は2020年後半に「Messenger」や専用アプリ「Calibra」を用いたLibraの送金を予定していた。

　LibraはFacebookによって開発されたステーブルコインであり、Libra協会という非営利団体によって運営されることとなる。Libraの発表時点では28の企業や団体がLibra協会に加盟する予定とされ、世界的な注目を集めた。しかし、2019年秋以降、VisaやMastercardといった大手決済プレイヤーが相次いでLibra協会からの脱退を発表しており、先行きは不透明な状況となっている。2020年4月にLibra協会が発表した構想（案）では、当初の計画から見直しを図り、各国通貨と連動してLibraが発行されることとなった。これに伴い、厳密な意味ではステーブルコイン足りえず、また各国

▶ **図表3−10　Libraの仕組みイメージ図**

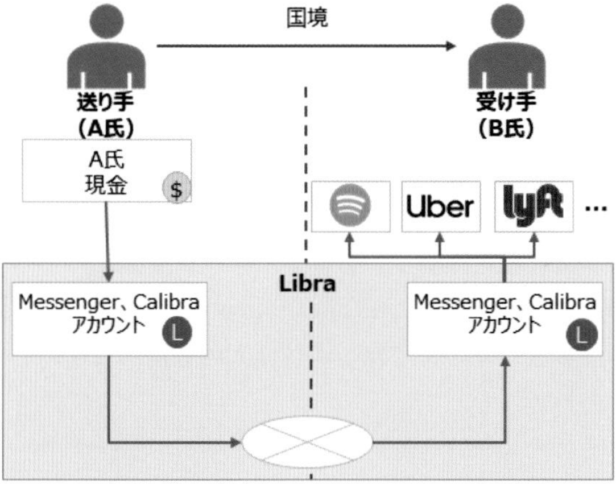

（出所）　LibraホワイトペーパーをもとにRidgelinez作成

の金融当局からの監視体制も強化される。Libra協会としては当初、各国の規制から独立して自由に流通する通貨を構想していたが、結果としてグローバルに利用できる新たな決済サービスへと変化したことになる。

### 3.5.3　活用される技術

LibraはMoraという言語を用い、Facebookが独自に開発したブロックチェーン技術を活用したサービスである。Libra協会の加盟企業がノード（分散台帳）を管理する仕組みとなっており、5年後を目途にノードを広く開放し、現在のビットコインのようなパブリック型のブロックチェーンとなることを目指している。

Libraが従来の暗号資産と異なり、預金を代替する経済価値を保存するサービスとなりうる理由は2つあった。

1つ目は価値の安定性である。ビットコイン等の従来の暗号資産はボラティリティの高さから投機目的での利用が先行している。価値の変動が激しい暗号資産は、支払いのタイミングによって価値が変動してしまうため決済には不向きな性質をもっている。一方でLibraは米ドル等のいくつかの法定通貨を担保とし、価値の安定化を図るとされていた。しかし、前述のように各国の法定通貨と連動した方式をとることとなった。

2つ目は取引の処理性能である。ビットコインは1秒間に7件の取引が限界とされているが、Libraは毎秒1,000件の処理が可能とされている。この件数は、毎秒数万件の取引を行うクレジットカードネットワーク等の既存の決済ネットワークには及ばないものの、従来の暗号資産と比べればはるかに高い性能を実現している。

Libraでは、決められたリーダーノードがブロックを生成する合意形成の仕組みPractical Byzantine Fault Tolerance（PBFT）を採用している。PBFTは、参加者がマイニングと呼ばれる計算を行う従来の方法よりも合意形成の処理を短時間で行うことが可能となる。

### 3.5.4　サービスの価値

　Libra協会が発表したホワイトペーパーによると「Libra」はこれまで預金口座をもつことができなかった貧困層が経済的な価値を蓄積し、サービス利用の対価を支払うことができるようになることを目的としている。

　複数の企業や団体がLibra協会に加盟していることから、銀行口座をもたなくてもこれらの企業が提供するサービスを利用し、対価を支払うことができるようになると期待される。発展途上国への進出を企図するシェアリングエコノミーサービスや通信サービスといった個人利用者向けサービスを提供する事業者にとってLibraは、これまで決済機能をもたないためにリーチすることができなかった顧客層の開拓に資するものと考えられる。

### 3.5.5　今後の展望

　ブロックチェーンを活用して経済的な価値をやりとりする場合の課題としてプライバシーの保護や不正取引の対策があげられる。特にFacebookは過去に個人情報の流出事件を発生させたことは記憶に新しく、米国議会等から指摘を受けている。

　通貨ではない経済的な価値流通が促進される観点も欧米各国で問題視されている。経済的な価値が現在の金融サービスのインフラを通らずに流通するようになれば、マネーローンダリングの温床になりかねない。また、通貨の価値が不安定な発展途上国においては、比較的価値の安定したLibraが法定通貨よりも優れた価値の保存、交換の手段となってしまうおそれがある。Libraが法定通貨を代替してしまった国では、市中に出回る資金量をコントロールする金融政策の機能が失われてしまう。

　2019年10月に開催された20カ国・地域（G20）財務相・中央銀行総裁会議では、デジタル通貨には深刻なリスクがあるとの合意がなされており、Libraに代表される民間企業のデジタル通貨に対する風当たりは強い。各国

の政府や金融政策の監督機関は今後もLibraに対して厳しい態度をとることが想定されることから、実現に向けた動向を今後も注視していかなければならない。

　技術的な観点においてもLibraはまだ発展途上である。前述のとおり、現状のLibraの処理性能は既存の決済インフラに遠く及ばない。決済サービスとして機能するよう処理性能の高度化が期待される。

　実用性の観点については、提供が予定されているCalibraが個人間の価値のやりとりだけではなく、協会参加企業のサービスの支払いにどこまで利用可能となるのか今後のサービス提供に向けた各社の動向が注目される。

　また、Libraが1つの契機となり各国の中央銀行が発行するデジタル通貨（CBDC）に対する注目が集まっている。中央銀行が発行するデジタル通貨は、銀行同士の大口決済の効率化、低コスト化を目指す銀行間決済向けのデジタル通貨とLibraのように紙幣や硬貨のような現金を代替し一般の送金・決済に利用できるデジタル通貨の実現に向けた取組みが進んでいる。各国中央銀行の取組みのなかにはすでにデジタル通貨の提供が開始されている事例もあり、実現が不透明な状況にあるLibraだけではなく、中央銀行が発行するデジタル通貨についても、今後の動向が注目される。

# 04 個人向け与信商品

KEYWORD "借りたい額を、借りたいその時に

## 4.1 　個人向け与信商品の概観

　銀行またはノンバンク（または貸金業者）から住宅ローンや個人ローンの借入れを行ったことがある読者はいるだろうか。借入れをしたことのある読者であれば、審査に必要な書類の提出や押印といった手続の煩雑さ、審査結果が出るまでの時間にもどかしさを感じたことがあるのではないだろうか。

　近年、テクノロジーの活用によって個人向け与信商品については、サービスに関するプロセスや手続きだけでなく、その商品性も劇的に変化しつつある。たとえば、融資の審査が数分で完了することや、個人の信用を評価するにあたって年収や勤務先等の情報だけでないさまざまな情報を用いることで与信精度を上げる取組みがあげられる。本章では、こういった個人与信商品に関する近年の動向をとらえる。

　個別の事例やトレンドの説明に入る前に、個人与信を取り巻く環境の変化について説明したい。個人与信商品の分野におけるイノベーションの背景として大きいのは、貸し手側の収益環境の変化である。2016年2月よりマイナス金利政策が開始されたことや、銀行間での貸出金利引下競争を原因として、金融機関やノンバンクといった資金の貸し手目線では与信商品の収益性が低くなっている。その結果、銀行の収益ポートフォリオは大きく変化しており、20年前には銀行収益の5割以上を占めてきた貸出利息収益は、近年で

は銀行収益の半分にも満たない状況となっている（**図表3－11**）。

　与信商品の収益性が低くなるなか、個人向け与信商品を提供する金融機関は、多くの件数の与信を実行することで利益の積上げを図るほか、オペレーションの自動化等により申込手続や契約手続といった対顧客向けの事務コストや、審査や与信管理といった内部の事務コストを低減させることが求められている。

▶ **図表3－11　日本におけるマイナス金利政策導入前後の長期金利推移と
　　　　　　　日本の銀行の貸出利息収益推移**

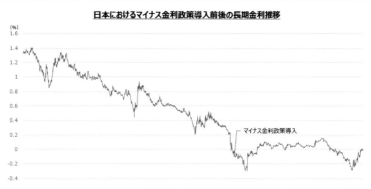

（出所）　財務省「国債金利情報」よりRidgelinez作成

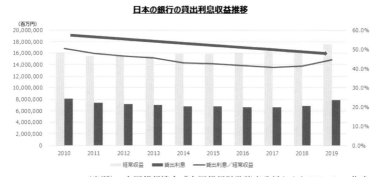

（出所）　全国銀行協会「全国銀行財務諸表分析」よりRidgelinez作成

与信商品は日本の金融機関やノンバンクに限らず世界の金融機関・ノンバンクにおいても依然として主力商品として位置づけられており、それゆえ技術革新によって事業の維持あるいは新たな価値の提供が図られている。

　テクノロジー活用の方向性としては、従来型の審査モデルでは与信の提供を行えなかった層に対する審査の高度化や担保評価の精度向上を図ることにより借り手の裾野を広げるとともに機動的な資金調達を可能としつつ、貸し手側の与信リスクやオペレーションに係るコストを低減させることが考えられる。

　与信の高度化や精度向上にあたっては、各事業者がビッグデータやAIを活用することで独自の審査モデルを構築しており、従来型の審査モデルで使用していた勤務先や年収、住所といった属性情報だけでなく、スマートデバイス等を介して蓄積される借り手の行動習慣といった情報（オルタナティブデータ）を用いた与信審査を行っている。こういった取組みによって、一般的な個人に限らず、これまで融資を受けることができていなかったun-banked層に対して自動的に最適な与信限度額、貸出期間、利率等の計算を行うことができている。

　また、融資にあたり貸し手側が担保として取得する資産価値の評価にあたっては、ビッグデータを用いて将来価値をある程度推測できることで、借り手がデフォルト（返済不能に陥ること）した場合においても貸し手の損失を抑えることができるようになる。

　unbanked層のほか、近年国内外においてフリーランス／ギグワーカーといった新たな働き方をする人々が増加している。こういった人々は収入が不定期であることも多いことから、従来型の審査を行う貸し手からすれば与信がむずかしいものとなっている。米国では2023年頃にフリーランス／ギグワーカーの数が正規雇用者数を上回るとの推計もなされている。これらのセグメントに対する適切な与信審査を行うことのできる与信商品ニーズも高まってくるものと考えられる。

## 4.2　自社データを用いたレンディングサービスの提供

### 4.2.1　提供の背景

　個人向けローンの多くは、担保を取得しないことから住宅ローンに比べて貸し手にとって与信リスクが高い商品となっており、それゆえに高金利で提供されることが多い。

### 4.2.2　サービス概要

　日本の大手ソーシャルネットワーキングサービスLINEは、2020年１月時点で月間アクティブユーザー数約8,400万人を抱えるプラットフォーマーであり、ユーザー向けにP2P送金、モバイル（コード）決済、請求書決済、少額投資、保険といったさまざまな金融サービスのラインアップを揃えている。

　同社の子会社等が出資するLINE Creditは、2019年８月より個人向け無担保ローンサービス「LINEポケットマネー」の提供を開始した。申込み、借入れ、返済のフローが１つのアプリ上で完結するようにサービスが設計され

▶ **図表 3 −12　LINEポケットマネーのサービス図解**

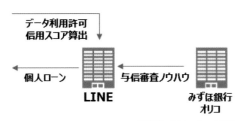

（出所）　Ridgelinez作成

ており、出張時の立替精算、医療費等の突発的に発生する資金需要に対応できる（**図表3－12**）。

### 4.2.3　活用される技術

　ローンの審査にあたっては、外部からは信用情報機関の個人情報、提携先であるみずほ銀行やオリエントコーポレーションの与信審査ノウハウを活用し、内部ではLINEのデータを用いるスコアリングサービスであるLINE Scoreを用いる。LINE Scoreの算出には同社のメッセージアプリ「LINE」で蓄積される「コミュニケーションの頻度」や「LINE上での人間関係」「決済履歴」等のビヘイビアデータと利用者が入力する属性情報が利用される。

### 4.2.4　サービスの価値

　従来の個人向けローンでは借入人の年齢や勤務先、年収といった属性情報をもとに審査されることが多い。そのため、審査や手続きに時間がかかり、機動的に融資を受けることができないといった課題が存在している。

　米国ではFICOやEquifaxといった個人信用情報機関が算出するクレジットスコアが審査に用いられることが多い。これらのクレジットスコアはクレジットカードの利用・返済状況（クレジットヒストリー）をもとに算出されるため、クレジットヒストリーの蓄積がなされていない移住者や若者等は、仮に年収等が高い場合でも個人向けローンの借入れに苦労を要するといった課題が存在している。

　LINE Scoreは属性情報に加え、ビヘイビアデータをスコア算出にあたっての情報として取り入れており、事前にスコアを算出しておくことで、与信限度額があらかじめ設定され、スピーディーな資金調達が可能となっている。そのうえ、スコアの高低に応じて、与信限度額だけでなく金利も上下するため、スコアが高い者はより低い金利で多くのお金を借り入れることがで

きる仕組みとなっている。

### 4.2.5　今後の展望

　データを活用した与信商品やクレジットスコアリングに関する今後の展望として、大きな動きとしては2点ある。

　1点目はクレジットスコア活用による新たな顧客層の獲得である。若者や移民等の信用力に乏しくクレジットスコアが低い顧客層に対してスコアリングを行うものであり、たとえば、カナダのFinTech企業Trust Scienceは、銀行の口座情報だけでなく、FacebookやTwitter、LinkedInといったSNSアカウント情報をもとに行動パターンを分析し、スコアリングに活用している。

　Trust Scienceでは、SNS上のソーシャルグラフの作成、フォロー／フォロワーが何人いるか、どういった投稿をしているかといった情報をもとにスコアリングを行う。加えて、位置情報から利用者が普段どういった場所にいるかわかるヒートマップを作成し、利用者が入力した大学、企業に実際に通っているか確認できる。

　クレジットスコアは一般的に、金融商品の利用履歴から算出される。利用履歴に依拠しないスコアを利用することで従来のスコアリングモデルでは貸出が行えていなかった層に対しても貸出を行えるようになり、結果的に顧客の裾野を広げることができる。今後は、データを活用することで与信精度を向上させ、融資を行える顧客層や与信限度額を拡大させながらも、規制や倫理規範にのっとったサービス設計とすることが必要となるだろう。

　2点目はクレジットスコアの融資以外での活用である。中国では、Alibaba傘下のAnt Financialは、「Sesame Credit（芝麻信用）」と呼ばれるクレジットスコアを提供している。中国ではこれまで、多くの人々に借入実績がなく、一般的な信用スコアリングモデルを用いることがむずかしいとされてきたが、Sesame Creditは主にAlibabaが提供するインターネットサービス

における利用者の利用・購買履歴、ソーシャルメディアでの言動といった行動履歴と既存金融機関の融資記録等を結びつけることで、利用者の信用度をスコアリングする。Sesame Creditでのスコアは融資に用いられるだけでなく、シェアリングサービス等の割引にも利用されている。

　LINEも同様にLINE Scoreに応じて提携サービスの割引や優待を受けられるオプションサービスを提供しており、クレジットスコアが証明する「信用」が金融以外の領域においても活用される動きは今後とも広がっていくだろう。

## 4.3　AIによる独自指標を用いたレンディング

### 4.3.1　提供の背景

　本稿では住宅ローンについて、事業用物件ではなく個人向けの住宅購入に必要な資金を融資することと定義する。一般的な個人向けローン商品においては、勤務先や年収、完済時の年齢といった借り手の属性情報に加え、個人信用情報機関に登録されている借入履歴、返済履歴が審査における主なポイントとなるが、特に住宅ローンにおいては住宅を担保として設定することが多く、この場合、土地や建物の価値も勘案する必要がある。従前より提供されてきている一般的な住宅ローンの担保評価においては、時価評価が行われているものの、将来的な時価を精緻なロジックで評価することはむずかしい。このため、借り手がデフォルトした際、担保価値が下落していたために資産保全を行えないといったリスクがある。

### 4.3.2　サービス概要

　住宅ローンサービスを専業としている英国のFinTech企業Proportunityは、AIの分析により住宅の将来価値や今後成長が見込まれる地域を予測し

ている。Proportunityは、利用者の年収や資産額、住宅購入を検討している
エリアといった情報から、個々人に最適な住宅をリストアップする（建売物
件やマンション、アパート）。利用者は、提示されたリストを参考に住宅を選
定してローンを申請、Proportunityは住宅の将来価値の適格性を加味しロー
ンを実行する。

　同社のサービスは、住宅購入時の頭金やローンの金利負担を軽減させるこ
とを目的としており、住宅価格に対してユーザーは最低5％、Proportunity
は最大15％を拠出し、残りの金額は他のローン専業会社や金融機関から借り
入れる。返済額は住宅の現在価値をベースに計算されるため、返済時点で住
宅の価値が上がっていた場合、同社は収益を得ることができる。現在はロン
ドン市内でのみ提供しているが、将来的には他地域への拡大も計画している
（図表3-13）。

▶ **図表3-13　Proportunityのサービス図解**

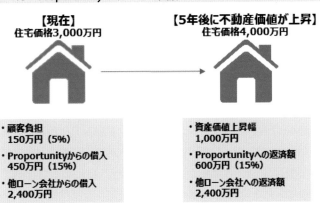

（出所）　Ridgelinez作成

### 4.3.3 活用される技術

住宅や地域の価値は、約100種類の異なる指標をもとにAIを用いて算出される。採用している指標のうち、半数が犯罪率や近所のスーパーマーケットの有無、交通利便性、近所の学校の評価といった地域固有の指標であり、残り半数は間取りや土地の面積といった住宅価値に焦点を当てた指標であり、これら指標を用いて同一地域内での比較を行う。

### 4.3.4 サービスの価値

Proportunityのサービスは、通常の住宅ローンでは借入れが行えないような層に対してサービス提供するものではなく、住宅ローンを借り入れる適格性のある利用者に対して、より金利負担の低い借入手段を提供するものである。また、ProportunityはAIの分析により独自に将来的な資産価値の評価を行っている。このため、金融機関といった従来の貸し手以上に正確に不動産の将来価値を評価できる可能性が高く、将来的にはこれら資産評価に関するデータを金融機関等の他事業者に提供することも想定される。

### 4.3.5 今後の展望

Proportunityが提供するサービスは、その申込み・契約にかかるプロセスをオンラインで完結させることで顧客のストレスを軽減させつつ、ローン提供にかかる費用を抑えることができる。また、AIによる将来的な住宅価値予測は、借り手にとっては将来の資産価値向上、金融機関といった貸し手にとっては与信リスクや担保価値の正確な把握を可能とする。

日本の住宅ローンビジネスは、マイナス金利政策による長期金利の低下や、ネット銀行やノンバンクといった新規参入プレイヤーの住宅ローンビジネス参入による貸出金利の利下げ競争にさらされている。住宅ローンは住宅

を担保として取得できることもあり、低リスクで安定した収益を得られるビジネスであったが、昨今住宅ローンの資金運用利回りは低下しており、国内金融機関にとって住宅ローンはかつてほど採算性に優れたビジネスではなくなっている。そのため住宅ローンは1件当りの収益額が低くなっており、事業継続コストに見合う収益を生み出すことがむずかしい。2017年にはみずほ銀行や三菱UFJ信託銀行といった大手金融機関において、住宅ローン事業を縮小する動きが報じられている。

　今後、本邦金融機関においては、徒に他行との利下げ競争に走るのではなく、AI等を用いた資産査定の高度化に伴う適正金利の算出、事務手続における効率化に伴うコスト削減が求められるであろう。資産査定の高度化にあたっては、自行で積極的な技術開発を進めるのはもちろんのこと、Proportunityのようにその査定能力に定評のある外部事業者と連携することも考えられる。また、住宅ローンにかかる事務プロセスは、他の業務と比較してもデジタル化が遅れている領域でもある。今後は、その事務プロセスにおいて積極的な技術活用が求められる。たとえば、米国のFinTech企業Better.comでは必要書類のアップロード、電子署名を行うだけで、数秒で見積もりを行い、数分で事前承認までを完了することができるサービスを提供し、1カ月に3億7,500万米ドルもの住宅ローンを提供している。日本においても2018年11月に犯罪収益移転防止法が改正され、オンラインでの本人確認（eKYC）が可能となった。今後は、eKYCといった仕組みを積極的に活用し、利用者にとって利便性の高い住宅ローン商品の提供とその申込プロセス効率化の両立が求められている。

# 05 法人向け与信商品

🔍 **KEYWORD** 借り手のメリットが貸し手のメリットにも ● ● ● ● ● ● ●

## 5.1 法人向け与信商品の概観

　電機製品のねじ製造を担う、ある中小企業を想像してもらいたい。この中小企業ではねじ部品の材料となる線材を仕入れて工場の機械で加工・製造し、発注元へ納入する。技術力の高さから発注元からの信頼も厚く、安定した業績を維持し、銀行より運転資金として数千万円を借り入れているとしよう。業績の安定した企業であれば通常、資金繰りに困ることは少ないが、発注元である電機製品メーカーの都合により一時的に減産し、そのあおりを受けて売上が急激に落ち込むことがあるかもしれない。他に発注元をあたり、新たに受注できるかもしれないが、売上を計上できるのは数カ月先となる。手元の預金が減少し続けるなかでも、借入金の返済や手形の期日は待ってくれない。返済額を一時的に緩和させることができれば手形の支払いを行えたかもしれないが、直近の試算表が赤字となるといった悪条件が重なると、銀行内での審議に時間を要してしまう。こうして技術力の高い中小企業であっても一時的な業績不振により手形の支払資金を確保できず、不渡りを発生させてしまうことがある。

　こうした中小企業における資金繰りの問題は、何もドラマや漫画に限った話ではなく、現実において往々にして起こりうるものである。背景には、銀行からの融資審査にあたっては、財務諸表など活用できるデータが限られて

おり企業の実態を必ずしも正確にとらえたものではないこと、審査業務自体に人手を介した作業が多く融資の承認までに時間がかかることが影響している。こうした従来型の法人与信の問題点を改善するうえでデジタルテクノロジーの活用が求められている。近年のAI、IoTの急速な進歩に伴い、取り扱うことのできるデータは飛躍的に拡大し、財務諸表だけではないさまざまなデータを活用、分析することで企業の実態をより正確にとらえて融資を行うことが可能となった。また、ブロックチェーンの活用に伴い、与信審査や返済のプロセスを変革させる動きもみられる。

　図表3－14は、一般的な法人与信の流れである。銀行や与信の契約形態によってフローは異なるが（既存与信先である場合、定例的なものを除き④信用格付を行うことはまれである）、一般的な法人与信では、これら一連の流れのなかで④信用格付から⑦融資の実行を最短で１週間程度、長ければ１、２カ月程度かけて行うことが多い。個人・法人にかかわりなく、与信サービスでは④信用格付と⑤審査が最も重要なプロセスであり、銀行においては細心の注意が払われるところである。

　④信用格付では、銀行は主に決算書などの財務諸表をベースとして自己資本比率等から企業の収益性や安定性等を定量的に評価するほか、経営者の資質等をかんがみた定性的な評価を行う。具体的には、決算書の値をシステム

▶ **図表3－14　法人与信の基本的な流れ**

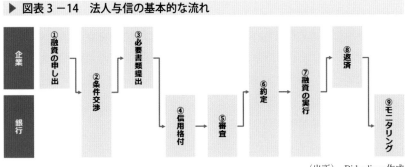

（出所）　Ridgelinez作成

に入力して自動で算出される値をベースとしながら銀行員の人手によりノッチ調整し最終的な信用格付を算出、正常先や要注意先、破綻懸念先といったように債務者を区分する。

⑤審査では、顧客からの申し出に基づいて案件ごとの資金使途や返済原資、保全バランスの検証を行い、融資の可否や貸出金額、期間、金利条件などを判断する。この段階においても決算書や直近の試算表を確認するほか、必要に応じて受発注明細等の資金使途が確認できる書類等を徴求し審査に役立てる。

このように、銀行ではある程度標準化されたかたちで企業の信用力を測り、審査を行う枠組みが整っている一方で、企業ごとの商習慣や実取引状況を審査に反映させる作業はアナログとなっているため、与信稟議を起票する行員、つまり与信先の企業を担当する営業行員の「能力」（取引先の実態を見抜くセンス等）に依存しており、担当者の質によって与信結果にばらつきが起こりうる。加えて、法人与信にあたっては、営業部門、事務部門、審査部門と多くの部門を跨ぎ、口頭、書面で頻繁なやりとりがなされ、審査に多くの時間を要する。

これら法人与信に関連する課題を解決するためには、以下のような方策が考えられる。まず、企業実態に即した融資を行うためには、財務諸表から得られる情報だけでなく、企業実態をより客観的かつ精緻に確認、評価するよう仕組みが必要となる。たとえばIoTの活用により、取引先企業の設備の稼働状況や在庫等に関するデータをリアルタイムに取得することで企業実態を反映した与信提供や与信条件の変更が可能となる。次に審査プロセスの効率化にあたっては、ブロックチェーン等の活用により、異なる部門間でのやりとりを透明化し、その証跡を共有することが必要となる。以下では、IoT、ブロックチェーンといった先端テクノロジーを活用し、法人与信のプロセスを高度化している事例を紹介する。

## 5.2　IoTを活用した運転資金・設備資金融資

### 5.2.1　提供の背景

　法人与信は大きく分けて、商品や材料の仕入れを行うために必要な資金を手当する運転資金融資と、事業用の機械や工場や事務所等の増改築に必要な資金を手当する設備資金融資に分けられる。

　通常の運転資金融資では、主に決算書をベースとした与信審査を行う。特に企業が営業活動を維持するうえで必要となる経常運転資金融資に際しては、売上債権（売掛金や受取手形）や棚卸資産、支払債務（買掛金や支払手形）等から算出した理論上の運転資金を参考に与信の可否を判断する。返済が始まると銀行の融資担当者は試算表を徴求し、期間ごとの業績や季節的な変動、直近の資金繰りをモニタリングすることがあるが、いずれの財務情報も月次で集計されており、リアルタイムでのモニタリングを行うことはむずかしい。このため、企業の実態に即した機動的な返済条件の変更や柔軟な追加融資の提供を行うこともむずかしくなる。

　一方、設備資金融資では、与信審査については決算書に加えて購入する設備の見積書等を参考に、設備の取得による投資効果がどの程度見込まれるか検証する。返済にあたっては設備から生み出される利益が返済原資となる。融資後は、必ずしも取引先設備の稼働状況を実地で確認しているわけではなく、その稼働実態を正確にとらえているとは言いがたい。

### 5.2.2　サービス概要

　ドイツの大手金融機関Commerzbankでは、IoTを用いて収集したデータに基づく新たな法人向け与信サービスの実証実験を2018年6月より行っている。同行の「pay-per-use loan（従量課金ローン）」では、工作機械メーカー

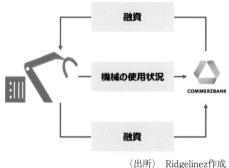

（出所）　Ridgelinez作成

により取り付けられたIoTセンサーを用いて機械ごとの稼働状況に関する
データを取得し、稼働状況に応じた柔軟な返済プランを提示する（**図表3−
15**）。

### 5.2.3　活用される技術

　取引先企業の設備から取得した稼働状況に関するデータをクラウド上で分
析し、最適な返済スケジュールや金利条件を設定するものである。金利条件
等は、設備の稼働状況をパラメータとしたアルゴリズムに基づき、自動的に
算出される。

### 5.2.4　サービスの価値

　取引先は、工場設備の稼働率が低い場合に返済負担が軽減され、資金流動
性を確保することができる。金融機関は工場設備の稼働状況から取引先の実
態をより正確に把握することができ、その返済プランを取引先ごとに最適化
することができ、結果として貸倒れを防ぐことにもつながる。

### 5.2.5　今後の展望

　IoTを活用した同様の事例は、他の金融機関や貸金事業者にも広がりつつある。たとえば、米国の大手金融機関JPMorgan Chaseでは、自動車ディーラーに対して自動車在庫を担保として融資を行うスキーム「フロアプラン」[2]での融資にあたって、担保とする自動車にIoTセンサーを搭載し、地理情報と組み合わせることでディーラーが倉庫に保有する担保物件をリアルタイムに監視する実証実験を行っている。

　イオンフィナンシャルサービスは、自動車の遠隔制御IoTデバイスを提供する日本のスタートアップであるGMSと提携し、東南アジア地域でタクシードライバーを対象とするオートローンの提供を開始した。ドライバーがローンの返済を遅延した場合、エンジンの起動を遠隔操作でロックすることができる。

　このように、IoTを活用した法人与信サービスは、借り手にとっては企業実態に即した機動的な資金調達や柔軟な返済を可能とし、日常の資金繰りが改善されることでより効率的な経営が行える公算が大きい。一方、金融機関といった貸し手にとっては、財務諸表といった定量的な情報だけでなく、実際の設備の稼働状況といったこれまで定性的であった情報を定量的に把握することができ、将来有望な取引先の開拓と与信管理の厳格化、効率化にも寄与する。

　米国の調査会社IHS Technologyの推計によれば、IoTデバイス（モバイルデバイス含む）は2017年時点ですでに274.9億台が普及しており、2020年には403億台にまで増加するなど今後も増加が見込まれている。なかでも産業用IoTデバイスは52億台（2017年）から94.9億台（2020年）と増加率が著しい。金融機関をはじめとする法人与信サービスを提供する事業者においては、こうした最先端のデバイスをいかに活用し、そのサービスを高度化させるかが今後の成長のカギを握るのではないだろうか。

---

2　米国の自動車ディーラーでは店舗に自動車の在庫を抱えることが一般的となっている

ブロックチェーンを活用した与信取引の透明化

提供の背景

　シンジケートローンとは、金融機関1行では貸倒リスク等を背負えない大規模な法人与信で採用される与信スキームであり、複数の金融機関がシンジケート団と呼ばれる案件ごとのグループを組成し、各金融機関が同一の契約条件に基づきローンを実行する。借り手にとっては多額の資金を効率的に調達できること、金融機関といった貸し手にとっては融資の負担額とリスクを分散できるといったメリットがある。全国銀行協会が公表するシンジケートローンの組成実績によれば、2009年では2,000件程度だった組成件数は2016年には3,000件に増加する一方で、1件当りの平均組成額は130億円から100億円に縮小している。このことから従前より比較的少額の与信案件にもシンジケートローンの利用が広がっていることがうかがえる（**図表3－16**）。

▶ **図表3－16　日本におけるシンジケートローンの組成動向**

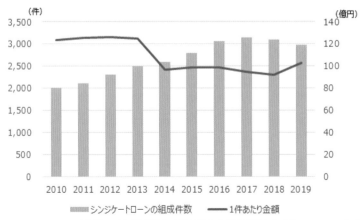

（出所）　全国銀行協会「貸出債権市場取引動向」よりRidgelinez作成

　一般的なシンジケートローンでは、融資先から委任を受けたアレンジャー（金融機関）が貸出条件の設定やシンジケート団組成のための参加金融機関の招聘、契約書の作成、締結などを行う。このため、アレンジャーの業務負担は大きく、また、他金融機関との調整に費やされるコストも大きい。また、これら手続きの透明性の観点も課題となっている。

### 5.3.2　サービス概要

　スペインの大手金融機関BBVA（Banco Bilbao Vizcaya Argentaria）は、シンジケートローンにおけるステークホルダーとの交渉からローン実行までのプロセスにブロックチェーンを適用し、その効率化、取引の透明化を図る実証実験を行っている。シンジケートローンでは融資先や各行間で度々交渉が発生し、それらの情報を他行に正確に共有することが求められる。これら情報の伝達・共有にあたりブロックチェーンを活用することで、その効率化と情報伝達における透明性の確保が可能となり、契約管理の効率化、不正な契約変更等の防止に寄与する。2018年11月には、三菱UFJ銀行、フランスの大手金融機関BNP Paribasと協調し、スペインの送電事業者Red Electrica Corporationに対してシンジケートローンをアレンジした。

### 5.3.3　活用される技術

　条件交渉に関する情報は、Linux Foundation主導で構築されたオープンソースのブロックチェーンプラットフォーム「Hyperledger Fabric」のプライベートブロックチェーン上で管理され、各プロセスにおいて条件が決定するたびに情報が記録される。参加金融機関はこれら条件に関する情報についてブロックチェーンプラットフォームを通じて瞬時に共有できることとなる。また、契約の合意が得られた場合は、Hyperledger Fabricとは異なるオープンソースのブロックチェーンプラットフォーム「Ethereum」のパブ

▶ 図表 3 −17　技術面でのスキーム

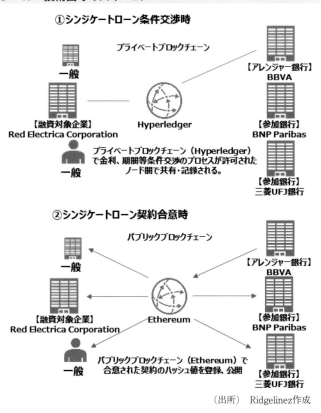

① シンジケートローン条件交渉時

プライベートブロックチェーン

一般

【アレンジャー銀行】
BBVA

【融資対象企業】
Red Electrica Corporation

Hyperledger

【参加銀行】
BNP Paribas

一般

プライベートブロックチェーン（Hyperledger）
で金利、期間等条件交渉のプロセスが許可された
ノード間で共有・記録される。

【参加銀行】
三菱UFJ銀行

② シンジケートローン契約合意時

パブリックブロックチェーン

一般

【アレンジャー銀行】
BBVA

【融資対象企業】
Red Electrica Corporation

Ethereum

【参加銀行】
BNP Paribas

一般

パブリックブロックチェーン（Ethereum）で
合意された契約のハッシュ値を登録、公開

【参加銀行】
三菱UFJ銀行

（出所）　Ridgelinez作成

リックブロックチェーン上に記録される。この際、契約内容を一意に識別す
る識別子を登録することで不正な変更などを防止できる（**図表 3 −17**）。

<h3>5.3.4　サービスの価値</h3>

　シンジケートローンでは、多くのステークホルダー（参加金融機関）間で
のやりとりが必要となり、情報連携や交渉の煩雑さが業務面での課題となっ

ていた。ブロックチェーンを活用することで、シンジケートローンに参加するそれぞれのステークホルダーがもつ台帳に記録されるデータをネットワーク上で連携でき、意思決定のプロセス等を効率化できる。そのほか、ブロックチェーン上で契約情報を記録し、契約の信頼性を裏付けることで、たとえば、アレンジャーがシンジケート団に参加する貸付金融機関の融資判断に影響のある情報を有していたにもかかわらず、他の参加金融機関に開示しないといった不正が行えなくなる。こうして、これまで複雑とされてきた与信スキームであっても取引プロセスの効率化、透明化を図ることができる。

### 5.3.5　今後の展望

　法人与信へのブロックチェーンの活用は、その契約プロセスの効率化、透明性向上に寄与するものであり、今後は、海外企業への融資やM&Aファイナンス等、多方面での活用が期待される。たとえばスペインの大手金融機関BBVAは、2018年12月にドイツの自動車メーカーであるPorscheに対してM&A資金のタームローンを提供するにあたり、ブロックチェーンを活用している。

　加えて今後は、中小企業向け融資といった比較的小規模な融資にも適用される可能性が高い。たとえば中国広東省では2020年1月より、ブロックチェーンを活用した中小企業向けの融資プラットフォームが提供されている。同プラットフォームでは、広東省の政府機関が中小企業の財務情報等をブロックチェーンにより連携することで、1,100万社の企業プロファイルを公開している。同プラットフォームに接続する金融機関はこれらプロファイルを活用することで中小企業の資金ニーズに迅速に対応できる。

　ブロックチェーンは、情報の分散管理、耐改ざん性といった特徴を有しており、法人与信の取引プロセスを高度化するうえで親和性が高い。今後とも同分野におけるブロックチェーンを活用した実証実験が多数実施され、近い将来にはその実装が急速に進む公算が高い。

# 06 投資・資産管理

デジタル化による、納得感・透明性のある
投資・資産管理の実現 ● ● ● ● ●

## 6.1 投資・資産管理の概観

　2019年に金融庁の金融審議会「市場ワーキング・グループ」が公表した報告書において、老後に安定した生活を行ううえでは約2,000万円の資金が必要となるとの記載がなされ、物議をかもしたことは記憶に新しい。2,000万円の算出根拠としては、夫65歳、妻60歳の夫婦がほぼ社会保障給付のみで生活する場合、毎月約5.5万円不足するため、30年間生活するにあたっては約2,000万円が必要になるというものである。わが国では、長寿化が進展しており、2007年に日本で生まれた子供の半数が107歳より長く生きることが推計されており（人生100年時代）、老後に向けた資産形成がこれまで以上に重要となるのは疑うべくもない。

　一方、個人の経済状況をかんがみると、近年、実質賃金や貯蓄率の低迷が続いており、思うように資産形成ができていないことが想定される。加えて、日本では預金金利が０％に近い超低金利環境でありながら、金融資産の約半数が預金として運用されており、いわゆる「貯蓄から投資へ」の流れが形成されていない（**図表３－18**）。

　こうした実態も影響し、老後の生活に不安を覚える世帯は８割を超え、そのうち７割以上は十分な金融資産がないことを理由としてあげる。このため、老後に向けた資産形成サービスのニーズは強いものと考えられる（**図表**

3 −19)。

　個人においては、投資・資産管理サービスに対するニーズが存在する一方、十分な金融知識に乏しいため、個々人が自身にとって最適な投資商品の購入・運用を行うことはむずかしいと想定される。加えて、金融機関を介し

▶ 図表 3 −18　家計の金融資産構成（2020年 8 月時点）

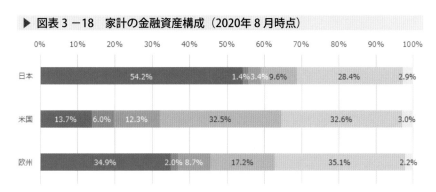

■現金・預金　■債務証券　■投資信託　■株式等　■保険・年金・定型保証　■その他

（出所）　日本銀行「資金循環の日米欧比較」よりRidgelinez作成

▶ 図表 3 −19

**老後の生活への心配（2019年）**

**老後の生活を心配している理由（2019年）**

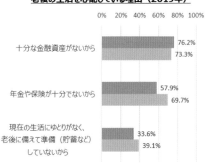

（出所）　左図：知るぽると「家計の金融行動に関する世論調査（2019年）」よりRidgelinez作成
　　　　　右図：知るぽると「家計の金融行動に関する世論調査（2019年）」よりRidgelinez作成

た株式や債券の購入や管理にあたっての手数料体系が複雑であり、資産運用を始める際の参入障壁となっている可能性が高い。

　こうした参入障壁を取り除き、個人が最適な投資判断を下すことを支援するツールの提供が求められている。具体的には、投資・資産管理に必要な金融知識の習得に向けた支援や、ファイナンシャルプランナーによる個々人の状況にあった金融商品の提案などである。いずれのサービスにおいてもデジタルツールを用いることでより効率的に低コストでサービスが利用できる余地が大きい。

　個人向け投資・資産運用サービスにおけるテクノロジー活用に加え、近年では、量子コンピューティングやブロックチェーンといった先端テクノロジーを活用した投資・資産管理におけるバックエンド業務のデジタル化が進展している。先端テクノロジーの活用により、バックエンド業務の効率化・高度化や債券のデジタル化が進み、債券発行・流通に係るプロセスの効率化が図られるだけでなく、新たな債券市場の誕生も期待される。

## 6.2　個人向けのAI投資シミュレーション

### 6.2.1　提供の背景

　資産運用にあたっては、投資金額や目標金額、達成時期を設定し、必要となる運用利回りを算出し、ボラティリティ等を勘案しながらポートフォリオを構築することが必要である。ポートフォリオ構築にあたっては、株式や投資信託、債券、年金、不動産、そして暗号資産等の多様な金融商品や投資対象についてその特性を理解し、投資目標にあわせて組み込んでいく必要がある。株式や投資信託といった金融商品であれば、現在ではさまざまな媒体でも取り上げられ、個人においても投資判断に資する情報を入手することはむずかしくない。一方、不動産投資といったより専門性が高い投資対象の場合、その情報は限られており、個人が実際に実施するのには敷居が高いと思

われる。また、近年ではこれら不動産投資に対して利回りの高さ等の限られた情報を喧伝して勧誘し、トラブルとなる事例も散見される。

こうした専門性が高く、個人が本格的に投資を行うには敷居が高い分野にあってもテクノロジーを活用することで、個人の投資判断に資する情報を低コストでわかりやすく提供することを目指したサービスが登場しつつある。

### 6.2.2　サービス概要

オリックス銀行では、2019年9月より投資用不動産購入に向けた借入れを検討している個人顧客に対して、キャッシュフローシミュレーションツールを提供している。このツールでは、利用者が購入を検討している投資用不動産物件の情報と、ローンの金額と金利、自己資金といった投資条件を入力すると、ローンで当該物件を購入した際に、不動産収支だけでどの程度ローンを返済できるのかをシミュレーションする。シミュレーションでは、賃料や空室率といった変数について、膨大な不動産データをAIで分析し、最長50年後までの推移を予測、キャッシュフローを算出する。また、分析シミュレータと同時に、投資用不動産物件の広告を多数掲載することで、利用者は実際の物件データを用いながら、自身のライフプランに適したキャッシュフローを検討することができる。物件周辺エリアにおける人口動態や商業に関する統計や賃料相場・築年数といった分析レポート等のマーケット情報もあわせて提供することで、利用者における物件購入を支援する。

### 6.2.3　活用される技術

オリックス銀行が提供するキャッシュフローシミュレータは、日本の不動産向けテクノロジー企業であるリーウェイズ社による不動産収益分析シミュレータ「Gate. Investment Planner」と、統計情報の表示や調査結果レポートを自動作成が可能な「Gate. Market Survey」を活用している。

Gate. Investment Plannerでは、1億件を超える膨大な不動産ビッグデータを用いることで、最長50年間にわたる将来の賃料変化や空室率、修繕費や税金等運営経費の想定値をAIで算出し、インカムゲイン分析やキャピタルゲイン分析の結果や借入れにおける安全性分析指標をグラフィカルに瞬時に表示する。また、Gate. Market Surveyでは、不動産ビッグデータに加え、各種統計情報をもとに、指定された駅や住所の周辺エリア情報を抽出、ビジュアルに表示する（**図表3－20**）。

▶ **図表3－20　シミュレータにおける広告物件の選択画面**

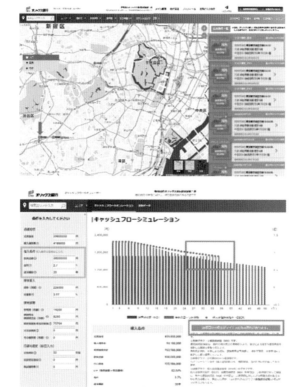

（出所）　Gate.Channel「不動産投資のリスクを「見える化」するオリックス銀行の取り組み」

192

### 6.2.4　サービスの価値

　従来、賃料や空室率等の変数に固定的な数値を代入していたキャッシュフローシミュレーションについて、AIを用いることで高精度化しており、利用者となる投資家はより精緻なデータをもとに投資判断を行うことができる。

　投資家は、自身で簡単かつ高精度に不動産投資におけるキャッシュフローを比較、自身のプランに適した投資用物件を検討することができる。シミュレータではオリックス銀行が取引する不動産事業者の物件の情報を用いることができることから、利用者は、実際にオリックス銀行・不動産事業者へ当該物件に関する融資・購入の申込みをする際の相場の見通しをイメージしたうえで手続きに臨むことができる。

### 6.2.5　今後の展望

　本稿で取り上げたAIを活用したシミュレーションツールは、今後金融商品のさまざまな分野においても用いられることが想定される。また、AIに加えて量子コンピュータといった新たなテクノロジーが活用されることでその予測精度は大幅に向上していく。すでにいくつかの金融機関、証券会社においては、量子コンピュータを用いた株価予測等の実証実験が行われており、日本では野村證券などが取り組む。このほか、英国大手金融機関Natwestでは、2018年10月より自行のポートフォリオ最適化に向けて量子コンピュータから着想を得、組合せ最適化問題を高速に解く計算機アーキテクチャである「デジタルアニーラ」を活用する実証実験が行われている。こうした法人分野、投資銀行業務におけるシミュレーションは、そのまま個人分野に適用されるものではない。しかしながら、将来的にはこうした法人分野における成果が個人分野にも転用され、個人向け資産運用においてもより高度なシミュレーションが可能になると思われる。

## 6.3　若年層の囲い込みに向けた<br>ファイナンシャルプランナー支援ツール

### 6.3.1　提供の背景

　金融機関においては、すでに資産形成を始めつつある現役世代だけでなく、将来的な潜在顧客である若年世代をいかに囲い込むかが重要となってくる。日本よりも個人の資産運用が活発な米国においては、ミレニアル世代と呼ばれる1980年代〜2000年初頭に生まれた世代をターゲットに、FinTech企業を中心としてさまざまな資産運用サービスが提供されている。ミレニアル世代は、米国において最も高い人口比率の世代であり、米証券会社TD Ameritradeの調査によれば、将来的に祖父母や両親から約30兆ドルもの資産を相続するとされている。また、ミレニアル世代においては、その70%が自身を支出寄りの人間（Spender）ではなく貯蓄寄りの人間（Saver）であると考え、バカンス用（43%）や急な出費（39%）、退職後の生活（38%）を意識した貯蓄を行っている。（同TD Ameritrade調査）これらミレニアル世代は、その青年期にリーマンショックを経験したことなどが影響し、その金融行動が堅実であるといわれている。このため、その資産運用サービスにおいても個人の財政状況を正確に把握し、将来に向けた計画的な資産運用が行えるといった機能が必要となる。

### 6.3.2　サービス概要

　金融機関向けにフィナンシャルアドバイスツールを提供する米HAR-VEST（旧Trizic）は、個人の資産運用管理を高度化することを目的に複数のツールを提供している。顧客の資産管理に特化した「Goalkeeper」、顧客に対する商品提案をサポートする「Signals」、顧客の資産運用口座開設をオ

ンラインで簡潔に行える「Jumpstart」、そして顧客向けのロボアドバイザーツールである「Automate」である。いずれのツールも金融機関に対して提供されており、金融機関がこれらツールを導入し、顧客の資産運用をサポートするものである。

### 6.3.3　活用される技術

　HARVETが提供するこれらツールはいずれもホワイトラベルソリューション（金融機関が自身のブランド名で提供することが可能）となっている。金融機関は自行の環境に応じて最適なツールを選択して導入することとなる。このため単体のツールであっても機能するほか、各ツール間でデータが連携されることも特徴とし、たとえば、Goalkeeperにおいて顧客が自動車購入を目的として目標額を設定している場合、これら情報がSignalsに連携されることで、目標額に近づくと自動車ローンを提案するといったセールスのサポートが行える。

### 6.3.4　サービスの価値

　HARVESTは当初、RIA（Registered Investment Adviser：登録投資顧問業）向けにロボアドバイザーツールを提供するFinTech企業であった。現在のAutomateに当たるサービスをRIAに提供しており、RIAはこれらツールを用いて顧客資産の自動運用を行うほか、資産運用に関するアドバイスを行うことで付加価値を提供する。しかしながら、顧客の資産を預かり運用を行うRIAにとっては、単にロボアドバイザーツールで運用を行うだけでは不十分であり、その顧客口座の獲得、日常的なお金の使い方に対するアドバイス、そして資産運用以外の金融商品の提案とトータルで顧客に対して価値を提供することを志向する。こうした状況においてHARVESTが提供するツール群は、RIAや金融機関にとって必要なサービスを容易に導入可能とするも

のである。先述のように、米国人口のボリュームゾーンを占めるミレニアル世代は、その資産運用においても堅実な傾向があり、これら日常のお金の使い方を管理し、将来的な目標に向けて資産運用を行うサービスの提供はニーズに合致したものであるといえる。

### 6.3.5　今後の展望

　顧客の運用資産をAI等の判断で自動運用するロボアドバイザーサービスは、米国では広く普及しており、2019年の運用資産残高は1,000億ドル（約10兆円）に迫るまで増加した。日本においても複数の事業者がサービスを提供するなど普及の兆しをみせている。米国においては、すでにFinTech企業が提供するロボアドバイザーサービスは飽和状態にあるともいえ、一部企業は撤退を始める状況にある。投資手法や投資対象に独自性を加えるなど各社ともに差別化を図っているが顧客への訴求力が弱く、また、競合との手数料競争に伴いその収益は頭打ちとなる公算が高い。加えて、米国においては大手ネット証券を中心にオンライン取引手数料を無料化したこともあり、ますます競争が激化しつつある。今後は、資産運用そのものを対象とするのではなく、日常的なお金の管理などその周辺までをカバーしたサービスに対するニーズが高まるものとみられ、HARVESTの転換はこうした潮流と合致する。日本においてもオンラインでの証券取引が個人顧客を中心に増加しており、米国と同じく大手ネット証券はその取扱手数料の無料化に舵を切った。今後は、資産運用だけでなく顧客の日常的な金融行動を含めてトータルでサポートし、共同でその資産形成を行っていくことが求められているのかもしれない。

## 6.4 あらゆる資産をトークン化・流通させる ブロックチェーンプラットフォーム

### 6.4.1 提供の背景

　投資・資産運用においては、投資対象となる商品ごとにその取引市場が異なる。株式であれば株式市場、社債であれば債券市場で取引されるほか、不動産であれば国土交通省の指定流通機構（レインズ）を介して取引が行われる。このように投資商品によって取引が行われる市場が異なっているのが長らく一般的であったが、テクノロジーの進歩はこうした状況をも覆しつつある。ブロックチェーンの活用は取引可能な資産を拡大させており、また、これら資産についても単一の市場で流通させることでその取引は拡大することとなる。

### 6.4.2 サービス概要

　三菱UFJフィナンシャル・グループは、社債や不動産、知的財産といった資産をデジタル証券として取引できるプラットフォーム「Progmat（プログマ）」の開発に向けたコンソーシアム「ST（Security Token）研究コンソーシアム」を2019年11月に設立した。同コンソーシアムが開発するProgmatは、社債等の金融商品に加えさまざまな権利に係る原簿情報をブロックチェーンネットワーク上に登録することで、これら資産・権利の管理を可能とする。また、登録された資産や権利は、デジタル証券として投資家等へ移転する取引機能も実装されており、権利の移転が生じるたびに原簿情報は自動で更新され、法的に権利を主張可能な状態を担保する。さらに、各デジタル証券に関する情報はすべてプログラム化され、期中利払いや償還に伴う資金移動も自動で実行される仕組みとなる。加えて、証券の取引や期中利払い

等の資金移動を即時に実行する外部ブロックチェーン上の決済機能「Programmable Money」も組み込むことで、さまざまな金融商品をいつでもどこでも誰とでも、ひとつプラットフォーム上で実行できるようにすることを目指している。

　また、野村ホールディングスが設立した企業BOOSTRYも、金融商品を含むさまざまな権利をデジタルに発行、取引ができるプラットフォーム「ibet」を2019年11月に公開している。ibetでは、株式や債券、不動産等の有価証券に加え、会員権やサービス利用権といった権利をデジタルに発行、管理するほか、従来、証券会社等が担っていた取引の仲介の役割をプログラム化する。これにより、金融商品や権利について、売り手と買い手のデジタルな相対取引を可能にする。

### 6.4.3　活用される技術

　三菱UFJフィナンシャル・グループが開発するProgmatでは、ブロックチェーン上で発行されるトークン化された証券であるセキュリティトークンと、契約の条件確認や履行を自動実行するプログラムであるスマートコントラクトを組み合わせたブロックチェーンネットワークを構築する。また、異なるブロックチェーン同士をつなぐクロスチェーン技術を用いることで、Progmat外部に存在するブロックチェーン上の決済機能であるProgrammable Moneyとの連携を可能とする。

　BOOSTRYが公開したibetにおいてもProgmat同様に、セキュリティトークンとスマートコントラクトを活用したブロックチェーンネットワークを構築する。また、ibetでは、ブロックチェーンネットワークを米国大手行JP-Morgan Chaseが開発したQuorumを使用したコンソーシアム型とすることが公表されており、BOOSTRYの承認を得た企業等がノードとして参加することができる仕様となっている。

### 6.4.4　サービスの価値

　Progmatやibetでは、オンライン環境であればいつでもどこでデジタル証券の取引を実行可能とするほか、ブロックチェーンネットワークのもつ対改ざん性により、取引の安全性も担保される。これにより、投資を行いたい個人や機関投資家等は、統一的なプラットフォーム上でさまざまな証券に対して投資が行える。デジタル証券の発行者は、自社が有するさまざまな資産をデジタル証券に変換することで資金調達手段の多様化を図ることができる。今後は、先端的な技術やサービスを有するも創業間もない企業等がこれらデジタル証券を活用することで従来の手法（融資、株式、ベンチャー投資等）に頼らない資金調達手段を確保することが可能となり、これら市場の活性化にも寄与すると考える。

### 6.4.5　今後の展望

　2019年の金融商品取引法の改正に伴い、ブロックチェーン上で発行される証券であるセキュリティトークンは、資金決済法の規制を受ける暗号資産の定義から外れ、電子記録移転権利とみなされることとなった。2020年1月には、金融商品取引法施行令が公表され、日本においても本格的にデジタル証券取引に向けた環境が整いつつある。今後は、前述の大手金融機関グループによるプラットフォームに加えて、他事業者による参入も期待される。加えて、米国やスイスなど諸外国においても同様にデジタル証券取引に向けたプラットフォームの整備が進む。今後はこれら諸外国におけるデジタル証券取引の動向も視野に入れ、より投資家、事業会社双方にとって魅力的なプラットフォームづくりが必要とされよう。

# 07 ミドル・バック領域

KEYWORD バックエンドにおけるテクノロジー活用を起点とした
銀行業のビジネスモデル変革 (Banking as a Service)

## 7.1 ミドル・バック領域の概観

　家計管理アプリやモバイル決済アプリなど、わが国においてもFinTech
サービスが普及しつつある。多くのFinTechサービスは、アプリ単体ではう
まく機能せず、利用者の銀行口座やクレジットカードと連携させることで、
サービスとしての利便性を向上させることができる。たとえば、家計管理ア
プリにおいては、利用者の資産を一覧でわかりやすく表示させるため、銀行
口座のデータを家計管理アプリと連携させる必要がある。また、モバイル決
済アプリにおいては、支払いに必要な金額を利用している銀行口座もしくは
クレジットカードからチャージすることが求められる。これらアプリと銀行
口座やクレジットカードとのデータ連携において必要となるのがAPI（Appli-
cation Programming Interface）である。

　昨今では、残高照会や振込みといった各種の銀行機能をAPIを介して外部
の事業者（アプリ開発者）に提供するオープンバンキングの取組みが世界各
国で進展している。これまで金融機関は、自らすべてのサービス機能を提供
してきたが、オープンバンキングの進展に伴い、たとえば収益性の低い業務
や戦略的に優先度の低い業務だけでなく、外部の事業者のほうが提供に長け
ている業務については、他社が提供するサービスで代替するといった選択肢
が考えられる。これに伴い、金融機関のICTシステムは、他社サービスとの

連携を重視し、低コストでの運営が可能なクラウド基盤上で提供することが一般化するであろう。このように、銀行機能をサービスとして切り出し、主にクラウド基盤上から提供するコンセプトをBaaS（Banking as a Service）と呼ぶ（**図表3−21**）。

　わが国においてもBaaSに対応した新たなICTシステム導入に向けた動きが進む。勘定系システムにおいては、これまで大手金融機関を中心に各行が自前で構築・運営する、もしくは、地域金融機関を中心に共同センターを設立して構築・運営する形態が一般的であった。しかしながら、これら自前、共同センター方式のいずれの方式であっても従来のアーキテクチャで構築された勘定系システムでは、オープンバンキングの広がりに伴う外部サービスとの連携に柔軟に対応できないとの課題が指摘されている。このため、アーキテクチャを刷新し、クラウド基盤上で勘定系システムを構築することで、低コストかつ外部とのデータ連携を重視した新たなシステムへと置き換える動きが始まりつつある。クラウド勘定系では、サービスの単位で機能を組み合せてシステムを構築する新たなアーキテクチャが採用され、サービスは

▶ **図表3−21　BaaS（Banking as a Service）の概念図**

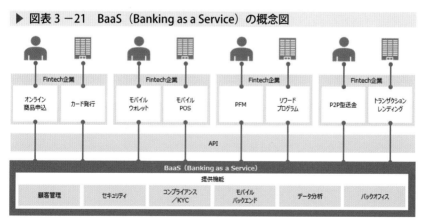

（出所）　富士通総研（2017年8月31日）「デジタル化時代を支える新たなFintechプラットフォームとは？　―オープンバンク化の進展を支えるBaaS（Banking as a Service）―」よりRidgelinez作成

APIによって柔軟に外部連携することが可能となっている。勘定系システムがクラウド化することにより、金融機関はそのシステム運営にかかるコスト構造改革とFinTechや他金融機関といった外部企業と連携することで新たな事業機会を獲得することが期待される。本邦金融機関においては、すでに銀行機能を他行や異業種企業に提供するビジネスモデルが一部で実現されつつある。

　これまで、金融機関ではフロントエンド、各業務機能、ミドル・バックエンドをすべて自前で構築・運用する垂直統合型のICTシステムが一般的であった。BaaSの潮流では、技術活用に強みをもち、自社で開発した機能を外部に提供する金融機関や、フロントエンドでの顧客に対する手厚いサービス提供を強みとし、商品・サービスやバックエンド機能を他の金融機関から調達する金融機関といったかたちでそのポジショニングが多様化していくことが予想される。

## 7.2　サービス指向アーキテクチャを採用したクラウド勘定系

### 7.2.1　提供の背景

　金融機関の基幹システムとは、主に勘定元帳の処理を行う勘定系システムのことを指す。勘定系システムは、正確性、堅牢性を特徴とする金融機関におけるICTシステムの中核的な存在であり、メガバンクにおいてはその勘定系構築費用が数千億円にのぼるといわれる。各行はこれまで多額のコストを投じてシステムの開発、運用を行ってきており、本邦金融機関のICTシステムのコストの大半は、これら勘定系システムを中心とした維持、運用費用が占めている。

　わが国の勘定系システムは30年以上、抜本的な刷新を行わずに今日にまで至っている。国内初の勘定系システムは、1965年に導入された普通預金のオンラインシステム（第1次オンラインシステム）である。その後、1970年代に

ATMの登場等により本格的なオンラインシステムが導入された（第2次オンラインシステム）。第2次オンラインシステム以降、銀行業界では1979年の譲渡性預金の取扱開始に始まる金融自由化に伴う新商品の導入や80年代に進められた出店規制、ATMの設置規制の緩和等により銀行は顧客接点の充実化を進め、取引件数が増加した。銀行業界では、コストを抑えつつ増加する取引件数に対応することを迫られることとなったのである。その解決策が、勘定系システムの制御系部分にベンダーのパッケージ製品を導入してコストを削減し、各行が独自性を発揮する業務系部分のみを内製化し柔軟性の確保を図る第3次オンラインシステムへの移行である。この第3次オンラインシステムへの移行後、今日まで銀行の勘定系システムが安定して稼働し続けており、その移行はねらい通りであったといえる。

　しかし、第3次オンラインシステムの導入以降、銀行業界では勘定系システムの抜本的な刷新は行われていない。そのため、勘定系システムの仕組みは30年以上前の水準であり、外部サービスとの連携に不向きである等、日々進歩するテクノロジーをうまく取り込むことができない状況に陥っているといえよう。2000年以降、金融ビッグバンや金融コングロマリットの形成により銀行の取り扱う業務の幅が拡大し、勘定系システムの改修負荷が課題となった。その際に注目されたのが機能をサービスと見立て、サービスを組み合せることによってシステムを構築するサービス指向アーキテクチャ（Service-Oriented Architecture：SOA）と呼ばれる仕組みである。しかし、わが国の銀行業界では、SOAの導入に際してメインフレームを温存したために従来の通信手段（プロトコル）から脱却できず、結果としてインターフェースが複雑となり外部サービスとの連携に不向きであるといった旧来の課題が完全に解決されるには至らなかった。

## 7.2.2　サービス概要

　このような勘定系システムのあり方を大きく変える潮流が銀行勘定系シス

テムのクラウド化である。ソニー銀行では、富士通が開発するクラウド勘定系「FUJITSU Banking as a Service（FBaaS）」の導入検討を進めている。FBaaSでは、預金、融資といった業務単位で機能をクラウドサービスとして提供する。システムを利用する金融機関等は各業務システムをクラウド基盤上で組み合わせて業務システムを構築することができる。

### 7.2.3 活用される技術

FBaaSでは、サービスをビジネス機能に沿った複数の小さなサービスに分割し、それらを組み合わせることによって業務処理を実現するマイクロサービスアーキテクチャ（Micro Services Architecture：MSA）が採用されている。

MSAに基づくサービスは、互いが疎の関係で独立しており、他のサービスに影響を与えずに部分的な変更や機能追加を行うことが容易となる。特にMSAは前述のSOAに比べ、サービスの粒度が細かく、インターフェースがシンプルであることから、導入および他サービスとの連携をSOAよりも容易に実現できる。また、各サービスが独立することによって障害の発生範囲を局所化することができ、システムの可用性が向上する。こうした特徴から、MSAはAmazonやNetflixといった企業ですでに導入されており、持続的なサービスの拡張、改善を支えている。

### 7.2.4 サービスの価値

FBaaSでは、MSAを採用することによりシステムの利用者が柔軟に機能を組み合せて新たなサービスを開発することが可能となる。たとえば、顧客のニーズに応じて外部の技術を取り込んだ新たな商品を設計し、これまでよりも短期間でサービスを開発、提供することが可能になる。

SOAでは、銀行がサービスの連携を実現するにあたり、金融ESB（Enterprise Service Bus）というメッセージ交換システムを導入する必要があった。しかし、MSAの場合は金融ESBが不要となることから、同システム導入費用の削減効果も期待できる。

### 7.2.5　今後の展望

　ソニー銀行のほかに複数の本邦金融機関がクラウド勘定系の導入を発表している。北國銀行では、日本マイクロソフトが提供するパブリッククラウド基盤「Microsoft Azure」上で日本ユニシスが提供するオープン勘定系システムを稼働させる予定となっている。ふくおかフィナンシャルグループは、開業予定のインターネット専業銀行の勘定系システムの基盤に「Google Cloud Platform」を採用すると発表している。同行の勘定系システムは、ふくおかフィナンシャルグループの子会社であるゼロバンク・デザインファクトリー、グーグル・クラウド・ジャパン、アクセンチュアの３社が共同で開発中である。また、NTTデータでは、クラウド勘定系を提供するドイツのスタートアップ企業Mambuとの技術検証を完了し、クラウド勘定系の提供に向けた準備を進めている。

　クラウド勘定系は、30年以上硬直的であった勘定系システムの基本的な仕組みやコスト構造を変革するものである。クラウド勘定系が実現された暁には、国内の銀行システム市場の競争環境は大きく変化するものと見込まれる。

## 7.3　APIを活用した自社の金融機能の外部提供

### 7.3.1　提供の背景

　金融機関では、FinTechサービスの隆盛等により変化の激しいフロントエンドと堅確性が求められるバックエンドを結合する手段としてAPIの活用が

進められている。2016年には、英国においてオープンAPIに関する統一的なフレームワークであるOpen Banking Standardが公表される等、各国で政策的な後押しが進んでいる。日本においてもテクノロジー活用の目標とその目標を実現するための施策の方針を示した「未来投資戦略」のKPIの1つとして2020年6月までに60行以上の銀行がオープンAPIに対応することが掲げられている。

APIによって利便性の高いフロントエンドのサービスと金融機関が提供するバックエンドが連携されることにより、利用者の観点では利便性や安心感の観点で価値のあるサービスが開発されることが期待される。APIを提供する金融機関にとっては、顧客に対して訴求力のあるフロントエンドのサービスと連携することが自社の顧客数や取引量を拡大する機会となりうる。

銀行に先立ってAPIの外部提供に積極的に取り組んでいるのがVisaやMastercardといったクレジットカードブランド会社である。クレジットカードブランド会社の収益源は、自社が提供するインフラの利用手数料である。クレジットカードブランド会社ではより多くの顧客や取引を自社が提供する決済インフラに呼び込むため、利便性の高いフロントエンドのサービスとの連携を進めている。このため、クレジットカードブランド会社では、決済機能に加えマーケティング等の加盟店のビジネスを支援する周辺機能のAPI提供や開発者向け支援の充実化を進めている。

### 7.3.2 サービス概要

国際的なクレジットカードブランド会社は、自社決済サービス・ネットワークを利用するイシュアやアクワイアラ、加盟店、自社サービスを組み込んだ決済サービスを開発するデベロッパー向けに、APIを組み合わせたソリューションを提供するだけではなく、APIの仕様やソフトウェア開発キット（Software Development Kit：SDK）を提供している。

Mastercardでは、2016年から、外部企業による、Mastercardの決済や

▶ 図表 3 −22　Mastercardが提供するAPIプラットフォーム

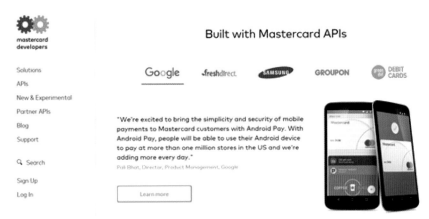

（出所）　Mastercard公式Webサイト

データ、セキュリティ技術へのアクセスを簡素化するAPIプラットフォーム
「Mastercard Developers」を公開し、APIを活用したサービスの開発を後押
しする。

　同社では、2019年よりイシュアと加盟店によるデジタル機能実装を通じた
顧客体験の向上の迅速化を図るAPIプラットフォーム「Mastercard Innova-
tion Engine」を段階的に公開している（**図表 3 −22**）。

　第 1 弾の公開では、米国Kasisto社が開発したチャットボット機能等、モ
バイルインターフェースの高度化機能が提供された。そのほかにも、決済履
歴をもとにパーソナライズされたオファーを出す機能や非接触決済やQR
コード決済を導入するための機能といった加盟店のビジネスを支援する機能
を提供している。

### 7.3.3　活用される技術

　API（Application Programming Interface）とは、ある機能を実現するため

に部品化されたソフトウェア（コンポーネント）間で、データやサービスの提供を行う手順・規則のことである。利用者がAPIを実行するとAPIを提供する企業や組織のシステムに対して機能やデータの提供依頼が行われ、結果が返ってくる。

APIの特徴は、従来の複雑なコンピュータ同士の通信を行う手順や手段（プロトコル）ではなく、HTTPとテキストのみで構成されるシンプルさや利用しやすさである。また、APIには柔軟に連携できる特徴があり、API利用者は独自にさまざまなAPIを組み合せて利用することが可能である。

### 7.3.4　サービスの価値

クレジットカードブランド会社では、エンドユーザーやデベロッパーを巻き込んだ自社サービス開発のエコシステムを形成している。決済サービスを利用するエンドユーザー（カードの保有者、加盟店）は、利便性の高い決済サービスが利用できるとともに幅広い付帯機能が提供されているため、お金の管理や事業に関連する機能を包括的に利用することができる。APIを利用して決済を組み込んだサービスを提供する事業者やデベロッパーにとっては、APIが公開されるだけでなく、API提供者からの支援により効率的にサービスを開発することが可能となる。クレジットカードブランド会社にとっては、利便性の高いサービスが次々に開発され、自社のインフラを利用した取引が増加し、手数料による収益を獲得できる。

### 7.3.5　今後の展望

これまでの各節で論じてきたようにフロントエンドの領域ではさまざまなデバイスが登場し、新たな顧客インターフェースが次々に提供されており、送金・決済の分野では利用者の生活に溶け込んだサービスの提供がトレンドとなっている。APIの活用は、変化の激しいフロントエンドや顧客サービス

とバックエンドとの連携を促進する取組みであり、利用者の価値向上の観点では今後も金融機関による積極的なAPIの提供、開発支援の拡大が期待される。

技術に強みをもつ金融機関による業務代行ビジネス

**7.4.1** 提供の背景

　従来、口座開設等の取引時に本人確認を必要とする業務については、デジタルチャネルで申込みを行ったとしても、本人限定郵便で発送されるキャッシュカードを受け取る等の方法で本人確認が行われていた。取引の申込みをデジタルチャネルで行ったとしても本人確認のために郵送コストや受取りの手間が発生し、非効率的であったことから、犯罪収益移転防止法の施行規則が改正されオンラインで完結する本人確認の方法が認められた。具体的には、申込者の顔と顔写真付き本人確認書類の画像を照合する、本人確認書類に内蔵されたICチップの情報を確認する等の方法による本人確認が可能となった。このようなデジタルチャネルで完結する新たな認証方法はeKYCと呼ばれ、キャッシュレス送金・決済サービスを提供する企業や店舗チャネルをもたないネット・流通系の金融機関からサービス提供が始まっている。

**7.4.2** サービス概要

　セブン銀行では、顔認証技術を活用し、口座開設等の本人確認を実施できるATMを開発した。口座開設の際にATMに組み込まれたスキャナで本人確認書類の顔写真画像を取り込み、ATMのカメラで撮影した本人の顔画像との照合を行うことで本人確認が完了する。

　また、新型ATMの提供に先立ってセブン銀行では2019年1月に電通国際情報サービスとオンライン本人確認事業を行う合弁会社設立の検討を行うこ

とに合意している。両社はオンラインサービス事業者を対象に顔写真付本人確認書類の撮影データと本人の写真データを画像処理技術により照合するインターネットで完結可能な「①本人確認プラットフォーム事業」、AIを用いたビッグデータ分析により、不正申込みや不正アクセスを24時間365日監視、検知する「②不正検知のプラットフォーム事業」および「③同事業に関するコンサルティング事業」を展開する合弁会社ACSiONを2019年7月に設立した。

### 7.4.3 活用される技術

　セブン銀行が提供する新型ATMは顔認証技術に強みをもつ日本電気（NEC）との共同開発により実現されている。ATMに搭載されているNECの顔認証技術NeoFaceは、高速かつ高精度の認証が特徴となっている。顔認証技術は、画像のなかから顔を検出する技術と顔を照合する技術の大きく2つの処理で構成される。NeoFaceではNEC独自のパターン認識手法である最小分類誤りに基づく一般化学習ベクトル量子化法を用いて、顔と顔以外を高速で分類し、動画のなかから顔を検出することができる。撮影した本人の顔画像と本人確認書類の顔画像を照合する際には、瞳中心や鼻翼等の検出した特徴点位置を用いて顔位置を正規化し、2枚の顔画像を比較することによって本人か否かを判定している。NeoFaceで採用されている顔認証技術では、さまざまな特徴を抽出した後、個人を識別するために最適な特徴を選択して照合を行うため経年変化等の影響を受けにくいことが特徴となっている。
　同技術は、米国国立標準技術研究所（NIST）が実施したベンチマークテスト（FRVT2018）において世界第1位の評価を獲得しており、すでに海外の空港や政府機関においての導入も進んでいる。

### 7.4.4 サービスの価値

　金融サービスを申し込む利用者にとっては、eKYCを活用することによって申込みがデジタルチャネルで完結するため、金融サービスの利用開始の手間が削減される。同様にeKYCを導入する金融機関にとっては、従来のような郵送受取までの期間中の申込者の離脱を防ぐことができる。

　また、セブン銀行の事例で特に注目すべき価値は、他行向けに自行のバックエンド機能をサービスとして提供することによる収益源の多角化である。従来、コストとなっていた金融機関のバックエンドのシステムや事務であるが、高度化する認証技術等を組み込むことによって差別化を図り、サービスを外部に有償提供することが可能となっている。

### 7.4.5 今後の展望

　eKYCに限らず、これまで金融機関は、フロントエンドからバックエンドまでを自前で整える垂直統合型のシステム、業務を構築してきた。しかし、今後は新たな収益源獲得のためバックエンド業務を他の金融機関にBPOサービスとして提供する金融機関、コスト削減のためバックエンド業務を他の金融機関からサービスとして調達する金融機関などに戦略が多様化する可能性が考えられる。

　また、金融機関に対しICTシステムを提供してきたICTベンダーにとっては、バックエンド業務をサービス提供する金融機関が金融ICT市場の競合となる可能性もありうる。このように、バックエンド業務におけるテクノロジーの発達および先進的な金融機関による実装は、従来の金融機関とICTベンダーの関係を変え、金融システムの業界構造を変革する原動力となると見込まれる。

第 4 章

# 今後の展望

本書では、金融業界を取り巻く環境変化とデジタル化の重要性（1章）、デジタル化推進において、金融機関にとっても重要となる7つの先端テクロジーについて解説し（2章）、いち早くそれらを金融サービスに活用した事例を紹介してきた（3章）。

　過去にさかのぼれば、金融機関は1960年代から情報技術を活用してATMやオンラインバンキング、クレジットカード決済システム等の電算処理システムを構築・実用化しており、デジタル化促進の先駆者として半世紀以上の歴史をもつといえよう。

　しかしながら、近年のスマホなど、一般消費者向けのICTを中心とした情報通信技術の急速な進展は、ユーザーの生活行動の変化やニーズの変化をもたらしており、金融領域にとどまらないさまざまな業界における既存のサービスに影響を与えてきている。たとえば、銀行業界において展開が進む次世代型店舗や店頭サービスをスマホアプリへ機能拡充していく動きである。

　本章では、これまでに取り上げてきた各先端テクノロジーの進展や今後見込まれる活用の方向性を整理し、デジタル金融サービスの今後を展望する。

# 01 各先端テクノロジーにおける今後の展望

　ここでは、7つの各先端テクノロジーに関して想定される活用策や実用化を見込まれる時期について、短期（〜3年）、中期（3〜5年）、長期（5年〜）の3つの時間軸で俯瞰する。

## 1.1 デバイス

　短期的には、ウェアラブルデバイスの普及、ARを活用したサービスの進展が見込まれる。スマートウォッチやスマートグラス等に加え、スマートリングといった新しいタイプのウェアラブルデバイスの開発が進展し、たとえば、手の甲にRFIDやNFCによる決済機能をもつマイクロチップを埋め込むといったバイオハッキングが一部の国で始まっている。また、ARはリアルとデジタルを融合するインターフェースとしての実用化・実証実験が進展する。スマホのカメラを通じて自動車をかざすことで、デジタルアバターを活用した商品説明やカーローンの提案・申込みができる等、ユーザーが購入を検討する際の新しいチャネルとして、直感的でユーザーフレンドリーな操作によるサービスが提供されていく。

　中期的には、異なるサービスで実装されているAIアシスタント間での連携が進展する。現在、スマホやスマートスピーカーに限らず、さまざまな家電や自動車にAIアシスタントが実装される先進事例が出始めているが、このようなAIアシスタントは、提供企業や実装されている機器の垣根を越え、データを連携するようになり、ユーザーはあらゆる場所でパーソナライズされたサービスを享受できるようになる。長期的には、脳波でスマホや車といったデバイスを操作するブレインマシンインターフェースが実用化する可能性がある。

215

## 1.2　認　証

　短期的には、ディープラーニングによる顔認証の精度向上が引き続き進展し、施設や店舗における入場や決済など利用シーンが拡大してきている。金融業界ではいち早く銀行ATMの本人確認において、指や手の平の静脈による生体認証が利便性向上とセキュリティ対策の両立を目的にサービス提供されてきたが、今日ではスマホにおける端末認証やモバイル決済における本人確認において、指紋や顔、声紋などによる認証が一般化してきている。技術的にはFIDO規格（FIDO UAF, FIDO2）による標準化や、生体認証が生活行動の一部として浸透することで利用に関する心理的な利用ハードルが下がることから、パスワードレスでのWeb・アプリ利用が進展していくであろう。中期的には、ユーザーの行動履歴を活用し、個人を特定するライフスタイル認証が一般化し、長期的には、認証に必要なアクションをまったくすることなく、暗黙的に、個人を特定するパッシブな生体認証が一般化していくとみられる。

## 1.3　IoT・ネットワーク

　短期的には、5Gのインパクトが大きく、一般消費者向けから段階的に商用サービスが開始されている。5Gの特徴である高速・大容量、低遅延、多数同時接続といった要件を満たす真の5Gが広く普及するにはもうしばらく時間を要するが、5G・エッジAIコンピューティングに関する技術が進展することで、中期的には、自動走行や遠隔診療といった、高度な通信環境を要する遠隔制御サービスが登場するだろう。また、低コストなセキュリティチップの開発・製造が進むことで、IoT機器へのサイバー攻撃などのリスクが軽減される。長期的には、低軌道衛星コンステレーション技術が実用化されるなど、世界中をカバーする無線ネットワーク環境が構築されるだろう。

## 1.4　ビッグデータ

　短期的には、異なるプラットフォーム間でのデータ流通に係る規格（データカタログ）の標準化が進み、データビジネスの普及・拡大に向けた基盤を整備されることで、中期的に、パーソナルデータを一元的に管理するデータポータビリティが一般化していく。そのためには、プライバシー保護したうえでデータ等を活用することを可能とするプライバシー保護マイニング技術（PPDM）が実用化に向けて進展していくと考えられる。長期的には、業界横断的なデータ利活用が広く普及していく。

## 1.5　AI

　短期的には、ディープラーニングに特化したチップ開発競争が当面続き、またAIに関する技術開発や、プラットフォーマーによるAI開発環境のサブスクリプションで提供され、AIのモデル生成や学習データ整備といったAIの開発コストの低廉化が進む。また、自然言語処理において、Googleが公開した汎用的な自然言語モデル「BERT」等の利用により、意味解析などのモデルの高度化が進展すると考えられる。Googleは、すでに自然な発話で電話での予約代行を行うAI「Duplex」を公開している。特定の業務においては、人間と違和感なく対話応答を行うことのできるAIが浸透していくはずだ。中期的には、説明可能AIが実用化され、融資審査など説明性が重要とされるような業務にAI活用が進展し、長期的には、コグニティブコンピューティングの発達により、感情分析など、個人の思考や行動予測が高度化し、ニーズの発生をとらえたサービスが生まれるだろう。

## 1.6　ブロックチェーン

　短期的には、美術品管理などの価値移転や食品に関するトレーサビリティ等、企業間でのデータ共有や取引で対改ざん性の高い手法での証左を保存し透明性が求められる領域において、ブロックチェーンを活用したサービスの普及が進んでいる。管理者による仲介機能を要しないパブリック型のブロックチェーンが暗号資産以外のビジネスで活用されるには、サービスの安全性を維持するための周辺機能や役割や法整備、新たな価値観を受容する社会通念の醸成など中長期的な課題も多く、しばらく時間を要すると考えられる。

## 1.7　量子コンピュータ

　短中期的には、D-Waveや国内の大学・主要メーカー等が開発を進める、組合せ最適化問題に特化したシミュレーテッド・アニーリングや量子アニーリングにより、交通渋滞の解決やポートフォリオ組成などの検証事例が出始めているが、適用可能な業務が限られることから、実用化のユースケースは限定的と想定される。そのため、長期的には、汎用計算にも対応する量子ゲート方式の発展への期待が高いが、量子アルゴリズムの研究やアプリケーションの開発には、従来の情報技術にとどまらず、物理学やコンピュータサイエンス領域で専門性を高める必要があることから、専門人材の育成も重要なポイントとなる。

　なお、量子コンピュータではハードウェア品質の影響を受けやすい量子ビットの管理を要するため、極低温や超高真空といった厳重な環境整備が求められることから、商用のクラウドサービスとしての提供が展開されていくだろう。また、研究・開発では巨額の投資がなされていることに加え、専門人材の不足も相まって、個別のユーザーニーズに対する応用開発とビジネス展開には相当の時間を要することから、業界共通の課題を対象に多くのユー

▲ 図表4－1　各先端テクノロジーに対する今後の展望

| 先端テクノロジー | 短期（〜3年） | 中期（3〜5年） | 長期（5年〜） |
|---|---|---|---|
| デバイス | ・スマートフォンにおける入出力インターフェースの高度化<br>・AIアシスタント搭載デバイスの拡大<br>・ウェアラブルデバイスの普及<br>・スマートスピーカーの用途開発、利用拡大<br>・ARを活用したサービスの進展 | ・透過ディスプレイやホログラフィックディスプレイの利用が一般化<br>・AIアシスタントが実用化、空間に制約されない入出力が実現<br>・異なるサービスで表示されているAIアシスタント間での連携が進展<br>・AR/VRの用途開発、利用拡大 | ・インフラとしてのデバイスの実用化<br>・ブレインマシンインターフェースが実用化 |
| 認証 | ・顔認証利用シーンの拡大<br>・パスワードレス方式のWeb・アプリ利用が進展 | ・サービスにあわせて複数の生体認証手段の使い分けが一般化<br>・利用者の行動履歴等から個人を特定するライフスタイル認証が一般化 | ・分散型でのID管理が一般化<br>・個人の行動履歴等、公的プロフィール等を参照し、自動的に個人を特定する（パッシブ認証）が一般化 |
| IoT・ネットワーク | ・ローカル5Gの先行導入を中心としたら5G導入<br>・スマートホーム・都市・生活を取り巻くIoT機器が増加<br>・LPWAの普及などにより、ネットワークに接続されたIoT機器が増加する<br>・活用技術の進展化、ガイドライン策定の進展 | ・5G、エッジAIコンピューティングにより、自動走行や遠隔診療等が実現<br>・セキュリティチップの実用化などにより、IoT機器のサイバー攻撃へのリスクが軽減減 | ・低軌道衛星コンステレーションの実用化<br>・コネクテッドホーム・車両等、さまざまなデバイス・機器がネットワークに接続され、決済等のサービスが自動化 |
| ビッグデータ | ・異なるプラットフォーム間でもデータが流通するようなAPIによる規格標準化が進展<br>・オープンデータを活用した簡易的なマーケティング/分析ツールの提供が一般化<br>・活用技術の進展化、ビジネスへの活用が進展 | ・パーシステントメモリの普及および大、インメモリデータベース活用が処理速度の拡大<br>・パーソナルデータを一元的に管理するデータポータビリティサービスが一般化<br>・プライバシー保護技術が実用化<br>・ストリーム処理、データの秒単位処理が一般化 | ・データアプリックの活用により、データ利活用が一般企業でも広く普及<br>・交通・エネルギー等インフラ上の膨大なデータの収集・分析、サービス向上への活用が一般化 |
| AI | ・AIデバイス・サービスや学習データのクラウド上での提供が、企業の利活用が進展<br>・自然言語処理の高度化、一般化<br>・AIアプリの開発、ビジネスへの適用が進展<br>・取引データ等の分析によるパーソナライズされたサービスの提供が進展 | ・機械AIの活用がユーザー向けサービスで広く普及<br>・説明可能なAI（XAI）が実用化された、ぼ活審査等でのAI活用<br>・ディープラーニング等AI手法の流通化され、人的判断に置き換わる業務が自動化 | ・ワークプレイスコンピューティングの発達により顧客動向分析、個々の嗜好・行動予測が可能になり、ニーズ発生時を捉えたサービス提供が一般化 |
| ブロックチェーン | ・ブロックチェーン関連技術の開発が進展か、異なるブロックチェーンプラットフォームの連携が進展<br>・コンソーシアム型ブロックチェーンを中心とした活用が進展、異業種連携のサービス展開が進展<br>・実証金融、KYC等、多くの分野でPoCが進展、活用対象分野の特定化 | ・価値交換に関する著名な技術的開発が進展、中央銀行デジタル通貨での活用が進展 | ・パブリック型ブロックチェーンを活用した新たなビジネスモデル出現の可能性<br>・ブロックチェーンの要素技術の活用により、基盤技術として汎用的に連携 |
| 量子コンピュータ | ・量子アニーリング方式やゲートモデル型コンピューティングの開発が進展、組合せ最適化問題と親和性のある領域において活用が進む（組合せ世進化） | ・NISQと呼ばれるエラー耐性が低いレベル・中小規模の量子コンピュータ | ・量子ゲート方式が実現する場合、目的内で利用可能な汎用の量子コンピュータが開発される |

（出所）　日本総合研究所作成

ザーが価値を享受できる共用サービスから進展していくと見込まれる（**図表**
**4－1**）。

# 02 先端テクノロジー活用に伴う 社会変化の方向性

　前節で取り上げた各先端テクノロジーは、あくまでも新しい金融サービスが創出されていく"手段"として位置づけるべきものであるが、その活用の方向性を考えるうえで重要なことは、先端テクノロジーの動向を定点観測し、スマホ到来によって激変した技術活用のトレンドを起点とする技術ドリブンと、金融サービス上の課題改善やユーザー視点から先端テクノロジーを活用するビジネスドリブンの両立にある。また、ユーザーにとって真に利便性が高いと感じてもらえるサービスを創出していくために、社会の変化にも目を向けながら、技術を単体でとらえるのではなく適材適所で組み合わせることで、今後の金融サービスが大きく変容していくといえよう。

　これらの技術の進化は、ユーザーの日常行動や事業者の提供サービス、社内の業務オペレーションや働き方改革など、社会変化をもたらしている。先端テクノロジー活用に伴う社会変化の方向性は、**図表4－2**に例示しているとおり、"いつでも、どこでも、誰も"が、"一人ひとりに最適化"されたサービスを、"人と人・物がつながる社会"において、"安全・安心・効率的に"、受けられる社会の実現へ向かうと考えられる。

　これらはいくつかの技術活用のコンセプトが組み合わさって、社会変化へつながっていくものであり、いくつか具体的な例をあげながら考察してみたい。

▶ 図表 4－2 各先端テクノロジー活用に伴う社会変化の方向性

（出所）日本総合研究所作成

## 2.1　いつでも、どこでも、誰もが

### ■ 言葉・場所によらない円滑なコミュニケーション

スマホ等のデバイスとネット活用が普及したことにより、個人間のコミュニケーションは時間や場所によらず絶え間なく行える時代となってきたが、今後さらに自動翻訳技術の性能がますます向上するなどによって、サービスのボーダーレス化につながることは予想に固くない。さらには脳科学分野の研究開発が進むことで、未知の意思疎通のスタイルが生まれたり、暗黙的な意志をも入力とするような円滑なコミュニケーションまでも描いておく必要があるだろう。

### ■ いつでも、どこでも臨場感あるお客さま経験の提供

ビジネスの世界においても、従来は実物や現物を自身の目で確認する必要があるような分野においても、VR/ARデバイスを活用した擬似空間でのショッピング等の機会が活性化されているが、たとえば、美術品や高級ブランド品等ではAIによる商品の真贋判定がサービスのなかで提供されることで、一人ひとりに最適な顧客経験が提供されていくだろう。

### ■ AIやロボットによる製造の省人化

元来、機械化や無人化などのロボットが実用化されている製造業や流通業の工場等においても、新たなラインの立ち上げや精密機械の保守点検などが現地へ赴かなくても、ネットを通じたリモート作業が可能となっている。今後5Gが普及することで、遠隔先からの直接のオペレーションを行える作業範囲が拡大する等、拠点や人員の配置、コミュニケーションのあり方も見直す必要が出てくるだろう。

## 2.2　一人ひとりに最適化

### ■ 安心で豊かな暮らし（介護・育児等）の実現

　高齢化社会を迎えているわが国では、介護を必要とする高齢者、介護を行う家族や介護サービス提供者などの関係するすべての人にとって、安心で豊かな暮らしの実現がますます求められている。昨今の労働者不足の社会環境のなか、ロボットを活用した介護サービスや、デバイスによる家族の見守りサービスが、行政や医療機関、家族間のインターフェースとなり、高齢者や幼児の体調管理から日常の買い物まで、個々のニーズに対応したサービスにつながっていくであろう。

### ■ 一人ひとりにフォーカスされたサービス提供

　すでにインターネット上での購買行動に基づく商品レコメンドや、音楽配信サービス等の利用実績に基づく新曲レコメンド等、パーソナライズサービスは登場している。今後は、個人データの取扱いの規制動向等も影響していくものの、行動・購買データが組み合わされてビッグデータ分析が進むことが期待される。仮説として音楽業界において、クリエイターサイドが作成段階からファンのニーズを把握できることで、カスタマイズした楽曲・アルバム作品の提供、ライブツアーの計画支援（告知からチケット販売）ができるようになるだろう。VR/ARによりリアルタイムで好きな座席からのライブ鑑賞といったイベントに変化をもたらすことも十分ありえよう。

### ■ 技術によるリアルタイムな取引・手間の削減

　ネットでの商品購買や送金等、リアルタイムでの取引はすでに一般化しているが、たとえば物流において交通手段が整備されていない国・地域では、取引のリアルタイム性を損ねたり、手間も加わる。今後ドローンによる配送などにより、行政による道路整備を待つことなく、配送ルートの開発が可能となり、技術によるリアルタイム性・手間の削減を追求できるようになる。

224

## 2.3　人と人・物がつながる豊かな社会

### ■ ヒト・モノの共有による好循環型社会の実現

昨今の米スタートアップが牽引していたプラットフォームビジネス、シェアリングエコノミーの潮流は、各国の法制度や文化に適するように見直されながら、時間をかけて普及していくと予想される。先に論じた、"いつでも、どこでも、誰もが"、"一人ひとりに最適化"については、さらに人と人・物とつながっていくことで、サービスの共同利用や共同購入といった、好循環な社会を実現していくだろう。

### ■ 誰にとっても働きやすく、便利な社会の実現

"働き方改革"という言葉を、メディアを通じてしばしば目にするが、本来の目的は、一人ひとりの意思決定や能力、個々の事情に応じた、多様で柔軟な働き方を選択可能とする社会を追求していく、というものである。そのため、現在では拠点間のビデオ会議システムや在宅勤務等を導入することで、企業内での取組みが加速している。さらに働きやすさや便利な社会を追求するには、企業単独の取組みではなく企業間で推進していく必要がある。たとえば、会議やミーティングにおいては、企業間でビデオ会議を利用することで、移動時間を大幅に短縮でき、意思疎通・意思決定の頻度を向上させられる。また複数企業間に跨って事務プロセスが存在する業務においては、関係企業同士がコンソーシアムを組成し、業務プロセスをワンストップ化した新たなプラットフォームサービスの実現も期待される。

## 2.4　安全・安心・効率的に

### ■ オンデマンド型交通システムの一般化

地方都市など公共交通が未発達な地域では、個人が運転する自動車が主要な移動手段である場合が多い。加えて少子高齢化による不採算の影響を受け

て、鉄道やバスなど公共交通の発展は期待できないことや、高齢者ドライバーの増加に伴って、安全安心な移動手段の確保が困難になることが予想される。そのため、自動運転車やMaaS（Mobility as a Service)[1]など先端テクノロジーを活用したユーザーの需要にあわせた安心安全なオンデマンド型交通システムの発展、普及が望まれる。

### ■ 安全・安心な社会インフラの構築

行政や民間によるサービス提供形態がますますオンラインを前提としていくなかで、不正行為対策などの情報セキュリティの課題も顕在化していく。サービスの本人認証は重要な機能の1つであるが、認証情報・機能の共有化にはユーザーの同意、マイナンバーカードなどを礎とした認証プラットフォームの普及が待たれるなど、一朝一夕に実現することはむずかしい。たとえば、エストニアの電子政府システム基盤X-Roadでは、行政と民間など異なる機関が保有するデータベースを疎結合でつなぐデータ連携基盤が構築されている。こうした事例を参考に、一から単一の統合プラットフォームをつくるのではなく、既存の各々のデータベースをうまく統合するといったアプローチも考えられる。

### ■ エネルギー利用の効率化・低コスト化

これまで、AI・IoT、ブロックチェーン等の先端テクノロジーの活用による社会変化を論じてきたが、一方でコンピュータリソースの稼働を下支えする電力・エネルギーへの依存も高まる。AI・ビッグデータ分析による災害予兆等の各種監視サービスが進展していくなかで、最適なエネルギー利用を実現するサービス提供者、ユーザーへは相応のインセンティブが与えられるような社会の変化も考えられる。

---

1　ICTを活用して交通をクラウド化して、公共交通か否か、またその運営主体にかかわらず、あらゆる交通手段を1つのシームレスな移動サービスとしてとらえ、移動を必要としている人に最適な交通手段を提供する新たな概念のこと。

# 03 将来において実現する金融サービス

　前節では、社会全体が向かうべき方向性に言及したが、このような社会環境において、金融サービスはどのような方向に向かっていくべきだろうか（**図表4-3**）。

　1つ目は、いつでも、どこでも、誰もが利用できる金融サービスであるために「より自然なUX提供による顧客接点の拡大」を実現することである。人生100年時代が到来するなかで、若者からシニアまで幅広い年代層に対して、最新テクノロジーを取り入れつつ、デジタルデバイドに配慮しながら、顧客満足の高いサービスを提供していくことがポイントとなる。

　2つ目は、一人ひとりに最適化された金融サービスであるために、「データドリブンによる金融サービスの高度化」を実現することである。顧客の価値観や嗜好が多様化するなかで、いかに一人ひとりの特性を掴んだオーダーメイドのサービスの提供が差別化につながっていくであろう。

　3つ目は、人と人・物がつながる豊かな社会を支える金融サービスであるために、「つながる新世代の金融プラットフォーム構築」を実現することである。持続可能で多様性と包摂性のある社会を実現するために、解決しなければならない社会課題は多数存在する。社会課題を解決するための手段の1つとして、金融プラットフォームが担う役割がますます高まっていく。

　4つ目は、安全・安心・効率化された金融サービスであるために、「ミドル・バックシステムのオープン化・共通化・高度化」を実現することである。金融機関のシステムは、従来から安全で安心できる社会インフラとして利用されてきた。今後も、安全・安心への飽くなき追及は変わることはないが、安全・安心なシステムを外部の企業へ提供することや、ATMのような協業領域においては、他企業との共通化による効率化を図る等、共通プラッ

▲ 図表 4 － 3　社会変化に伴う金融サービスの方向性

（出所）　日本総合研究所作成

トフォームとしてさらに発展していく。

　いずれの方向性も今後の金融サービスにとって重要であることに間違いなく、概念としては理解いただけると思う。では、具体的にどのようなことから取り組むべきだろうか。

　そこで、これまで本書で記述してきた「先端テクノロジーの最新トレンド（2章）」や「金融×ITサービスのトレンド（3章）」の事例を参考に、本書全体を振り返りながら、将来において実現する金融サービスの姿について描いてみたい。

## 3.1　高度なUX提供による顧客接点の拡大

　読者の皆さんのうち、この1ヵ月の間に銀行店舗を訪れた人はどの程度いるだろうか。かつては銀行店舗の窓口に並んで、預貯金の預入れや引出し、定期積立、各種振込みや支払い等、銀行は店舗中心の営業展開を図ってきた。しかし、現在では多くの手続きがインターネットで完結し、現金の引出しもコンビニエンスストアで実現でき、銀行そのもののあり方が大きく変貌している。

　以前の金融機関は、駅前「店舗」や住居近隣の出張所を舞台として地域社会に根ざした活動をしてきたが、今後は店舗にとってかわり、スマホなどの身近なデジタルデバイス内に「金融機能が寄り添う」かたちでサービスが提供されていくと考えられる。

　そのためには、リアル社会とデジタル社会を問わず、いつでもどこでも、利便性の高い手段やデバイスで自然なかたちで金融サービスを提供する必要がある。

　さらに、そうした複数のチャネルで収集した顧客データをバックエンドで統合して、いつどこでどのチャネルからアクセスしても、個人にあわせパーソナライズされたサービスを提供することが肝要となる。

　これらのヒントになる事例が3章で紹介した2つの事例だ。たとえば、米

▶ 図表 4 － 4　高度なUX提供による顧客接点の拡大

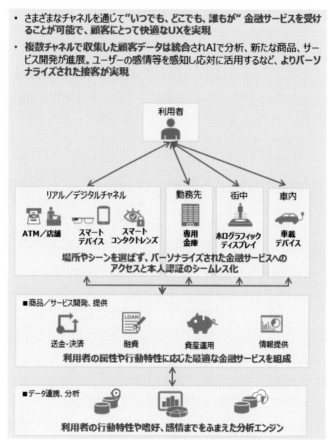

（出所）　日本総合研究所作成

国BofAのAIアシスタント「Erica」では、顧客のフランクな口語での問いか
けに、柔軟に回答できる高度な分析力を提供したことから、リリースされて
およそ1年で、モバイルアプリユーザーの25％がAIアシスタントを利用し
ている。また、スイスの投資銀行であるUBSでは、同行に在籍するトップエ
コノミストであり最高投資責任者であるDaniel Kalt氏のアバターによる投

230

資相談の実証実験が開始されている。アバター（デジタルキャラクター）による対面での接客も興味深い事例である。

　こうした金融サービスを支える技術として、注目されているのが2章で紹介したデジタルデバイスの小型化やAIアシスタントだ。日本のアニメや戦隊ものでは、主人公を助ける参謀ロボットがよく登場するが、自分に足りない知識や違った立場での意見を客観的に提示する立ち位置で、主人公の考えを正したり、心の支えとなっているケースが多い。

　AIアシスタントは、参謀ロボットのように客観的にアドバイスするとともに、ユーザーの顔を覚え（顔認証）、ユーザーの考えを少しずつ理解して、また、実店舗の端末であろうと自分のスマホであろうと、どのデバイスからも最適なアドバイスを行ってくれるものだ（**図表4－4**）。

## 3.2　データドリブンによる金融サービスの高度化

　データドリブンによる金融サービスの高度化を実現するためには、いくつかのポイントがあると考えられる。

　1つ目は、多種多様なデータを集めることだ。多種多様なデータとは、自分のデータだけでなく、自分以外の個人、法人、機器などあらゆるデータを集めることである。自動運転を例にとるとわかりやすいが、自分の車だけでなく、他の車の情報や信号機、道路工事やお祭りやライブ等のイベントの情報、こうした多種多様な情報をもとに最適なルートを割り出し、安全はもちろんのこと効率的な運転が実現できると考えられる。

　2つ目は、収集したデータを可視化することだ。データを可視化するためには、そのデータが意味することのタグ付け（アノテーション）が非常に重要である。集めたデータが意味することを視覚的に理解できるようになれば、問題点は何なのか、特徴はどこにあるのかなど、わかりやすくすることが可能である。

　3つ目は、収集したデータをもとに分析・予測を立てることで、資金需要

▶ **図表4－5　データドリブンによる金融サービスの高度化**

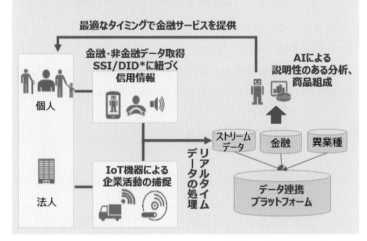

- 個人、法人がもつ情報やニーズを機敏に捕捉し、データに基づいた一人ひとりに最適な金融サービスの高度化を実現
- 個人からは、決済などの金融データのほか、日常生活で発生するさまざまな非金融データを収集
- 法人からは、IoT機器などで取得される企業活動に係るデータを捕捉
- これらの多様なデータをリアルタイムに分析、AI活用することにより、利用者の現状ニーズに応えた金融サービスを提供可能となる

（出所）　日本総合研究所にて作成

に応じた提案や個人行動へのアドバイスが可能となる。

　AI活用というと、3つ目の分析・予測モデルに目がいきがちだが、たくさんの労力がかかり重要なポイントは、1つ目の収集と2つ目のタグ付けや可視化である。

　データドリブンによる金融サービスの高度化に実現とは、個人や法人がもつ情報やニーズを機敏に捕捉し、「①データ収集」「②可視化」「③分析・予測」をふまえて、タイミングよく適切な金融サービスを提供することであると考える（**図表4－5**）。

　これらのヒントになる事例が、以下3つの事例だ。

　LINEでは、自社のSNS利用状況から「ユーザーの行動データ」を分析して信用スコアを算出することにより、融資に活かすだけでなく、自社のポイントプログラムや割引などの自社サービスを優遇にも活用している。これにより、ユーザーが自身の信用スコアを高めようと、別のさまざまな行動データを登録していくという好循環を生み出そうというものである。

　また、ドイツの大手金融機関Commerzbankでは、IoTにより工場の稼働率を可視化して、行動の稼働状況に応じて融資を実行している。工場でも設備の稼働状況の「見える化」により、より生産効率を高めるための営業活動や改善活動が期待され、全体として好循環を生み出す仕組みである。さらにMastercardの事例では、自社だけでなくサプライチェーン全体での取組みが特徴的である。バイヤー、サプライヤーの双方で、マスターカードが提供するプラットフォームを活用し、それぞれの取引先企業がどの程度、受発注の取引をしていて、売掛金がどの程度か、企業の財務状況を可視化することで、状況に応じた必要なタイミングで資金提供や取引のマッチングを提供していくという動きがある。

　これらを支える技術の例としては、2章で紹介した、高性能化が進む小型デバイスなどによりユーザーの動的データを捕捉する技術や、多数のデバイスから捕捉したデータを高速・低遅延で伝送するためのデータ処理技術、伝送されたビッグデータを高速にデータ処理するためのストリーム処理技術や企業を跨いだデータ連携基盤の整備、さらにはAIを使った高度な分析、予測などの技術が必要となる。

## 3.3　デジタル化する新社会経済システムへの対応

　社会課題解決のため、社会活動や経済活動は絶えず大きく変動する。昨今、UberやAirbnbのようなシェアリングエコノミー、情報銀行のようなデータ流通社会を実現するデータエコノミー、bitcoinに代表されるトークンエコノミーなど、新しいエコノミー（経済圏）が形成され普及しつつあり、

▶ **図表 4－6　デジタル化する新社会経済システムへの対応**

（出所）　日本総合研究所作成

今後も新たなエコノミーが形成されていくだろう。

　こうした新たなエコノミーは、既存プレイヤーにとって破壊者であり脅威であると対立構造で報道されることが多い。果たしてそうだろうか。筆者は、少なくとも金融機関にとって、新たなエコノミーの勃興は脅威ではなくチャンスだと考えている（**図表 4－6**）。

　新たなエコノミーでは、金融機関がこれまでに積み重ねてきた社会的な「信用」が武器になると考えられる。新たなエコノミーで企業活動が根づく

234

かどうかは、企業が安心して活動できるかにかかっており、安心して活動するための各種認証、KYC、セキュリティシステムなど、金融機関が長年培ってきた機能、ノウハウが活きる。

たとえば、暗号資産というトークンエコノミーの世界が広がっているが、暗号資産の取引所はスタートアップが多く、企業ガバナンスの整備やセキュリティ教育、ITシステムへの投資が少なく、システムも脆弱である場合が少なくない。そのため、昨今の報道にあるとおり、簡単に外部からハッキングを受けて資産が流出したケースや、ある取引所などはCEOしかパスワードを知らなかったため、CEOの突然死により、顧客の仮想通貨が動かせなくなったという事態に陥ったりしている。

そのヒントになる事例として、スペインの大手金融機関BBVAがトークンを活用して融資の交渉から実行までをブロックチェーン上で完結する実証実験を実施しているので参照いただきたい。

また、それを支える技術として、2章で紹介しているIoT、ブロックチェーン等の技術解説が参考になるので振り返っていただきたい。

## 3.4　ミドル・バックシステムのオープン化・共通化・高度化

顧客に安全・安心なシステムを提供し続けるためには、金融機関として堅牢かつ可用性の高いシステムとなるようITインフラへの投資を継続しなければならない。顧客からみたサービス・機能にはまったく影響しない部分であるが、こうしたシステム投資を怠らず堅牢なシステムを提供し続けてきたことが、顧客の信頼の源泉となっている。

今後も基本的な考え方に変わりなく、ミドル・バックシステムの高度化に取り組む一方で、信頼できる金融機関の間でミドル・バックの仕組みを共通化して効率化コスト削減を図ることや、自行の信頼できるミドル・バックシステムを他行・他社にサービスとして提供（オープン化）することで、収益源とする考え方も出ている。また、その逆に自行のシステムを捨てて、他

行・他社のシステムをサービスとして利用するという考え方もある。

　どの選択肢が正解というわけではないと考えているが、自行（自社）の規模や提供しているサービスが自行（自社）にとって競争領域なのか協業領域なのかを判断に最適なミドル・バックシステムを選択すべきだと考える（**図表４－７**）。

▶ **図表４－７　ミドル・バックシステムのオープン化・共通化・高度化**

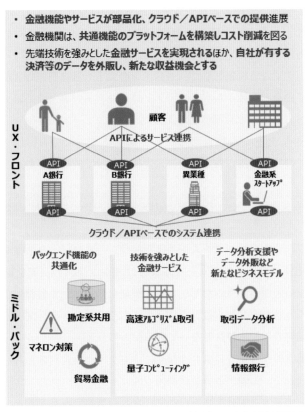

（出所）　日本総合研究所作成

　事例として、3章ではMastercardのAPIプラットフォームの事例やセブン銀行の事例を紹介しているので参考にしていただきたい。

　これらを支える技術としては、2章で紹介した量子コンピュータ等が参考になるので参照されたい。

# 04 金融の未来

本章の最後になるが、今後の金融機関のあり方の変化について、考えてみたい。

1994年、ビルゲイツは「銀行機能は必要だが、銀行は必要なくなる（Banking is essential, Banks are not.）」と発言したとされる。本人に聞いてみないとその真意は定かではないが、当時の銀行窓口で現金を取り扱っていた業務のほとんどが、現在ではインターネットで完結できるようになり、既存の銀行店舗の役割はかなりの部分で必要なくなっているのかもしれない。また、インターネットでの業務が中心になると、銀行業務への参入障壁が低くなり、現在ではさまざまな新興ベンチャー企業が金融業務に参入している点や、ビットコインのように国家の信用の裏付けのない資産が決済に使われるようになった点など、ビルゲイツの予言（？）はおおむね的確だったのかもしれない。

現在、個人や法人の顧客向けに、預金や融資、為替等の商品・サービスを提供する商業銀行業務はインターネットやスマホの普及により参入障壁が低くなり、ネット企業を中心に多数の企業が参入している。また、決済機能は「○○pay」のように百花繚乱状態であり、低金利（マイナス金利）政策も相まって商品・サービスで大きな差別化を図ることができなくなっている。

では、金融機関はこのまま淘汰されてしまうのであろうか。筆者はそうは思わない。

たとえば、山田鉄工所という小規模な鉄工所があったとしよう。親の世代から続いた鉄の加工技術が得意な職人気質な会社である。金融機関の真髄は、「鉄工所が現在どれだけの売上を上げているか」をみるのではなく、鉄工所の技術がどれだけ付加価値が高いかを見抜き、その技術の付加価値をど

のようにして開花させることができるかを考え、その強みを活かして事業を軌道に乗せ、または拡大させ、資金ニーズを引き出すという点だ。

　次に、顧客の大切なものをお預かりする「貸金庫」という業務があるが、これは単にモノを保管する場所を提供しているわけではない。貸金庫は、倉庫やロッカーとは異なり、場所を提供するだけでなく、銀行店舗の堅牢性や高度なセキュリティシステムを礎として顧客に「安心」を提供するサービスである。

　次に、決済手段について考えてみよう。日々の小額決済は、交通系ICカードのような支払いの利便性や○○payのようなポイントサービスの充実（キャンペーンなど）などのお得さを重視するため、顧客はさまざまな決済手段のなかから個人の嗜好などに応じて決済手段を選択している。しかし、個人での高額資金決済（自動車や住宅購入など）や法人取引においては、「利便性やお得さ」よりも、その事業者が確実に資金移動を履行してくれるかどうか、「信頼できるかどうか」がポイントになってくるのではないだろうか。

　いくつかのわかりやすい例で説明してきたが、金融機関の真の強みは、この「課題を解決する力」と顧客に対する「安心、信頼」ではないかと筆者は信じている。

　いままでの金融機関は「お金」という手段を使って、お客さまの課題を解決することで「信頼」を培ってきた。これからの金融機関のあり方は、「信頼」を源泉としてお客さまの課題や社会課題を解決していくことではないだろうか。

　では、信頼をもとにしてどんな手段でお客さまの課題を解決していくのか。

　1つ目のキーワードは「プラットフォーム」である。金融機関は社会でコンピュータが開発された当初から、事務手続をシステム化（効率化）し、通信ネットワークを利用したオンラインシステムをいち早く稼働させ、インターネット上での安全な取引基盤（インターネットバンキングなど）を構築し、その効果を上げてきた。

そこには、先端テクノロジーをいち早く導入し、「プラットフォーム」として運営してきたマインド、経験やノウハウが蓄積されている。

　大量の決済トランザクションを確実かつ迅速に処理するための仕組み、インターネットからの不正侵入を遮断するための高度で多重なセキュリティシステム、多重要素の認証システムなど、その経験を活かして、圧倒的に便利なサービスを提供することも可能であると考える。

　プラットフォームの役割は「たくさんの企業や人をつなぐこと」であり、いままで金融機関が足で稼いできた人的ネットワークを、コンピュータシステム上で再構築するものである。単にシステムを開発すればよいということではなく、大切なことは「信頼関係に裏付けされた」システム（プラットフォーム）であるということ。

　Facebookでは、個人が自身の出身地や学校、会社などのプロフィールを正確に登録することで、現在や過去のリアル社会での友達関係からつながりをつくり、信頼されるオープンな経済圏を構築していった。

　企業と企業のつながりは、金融機関が信頼を源泉としていままでに培ってきたネットワークがあるため、プラットフォーム化することで企業にとって新たなビジネスチャンスを掘り起こす可能性を秘めていると考えられる。

　もう１つは、「データ」である。金融機関は個人・法人とも取引の交差点に位置づけられ、多数の個人および法人の取引情報を保有している。また、営業職員が足で稼いだ折衝情報やニーズなど、活きた情報も記録されている場合が多い。

　数値データ、関係性データ、テキストデータなど、さまざまなデータから「知見（Intelligence）」となる宝を見つけ出す力が重要である。金融機関の優秀な営業部員は、販売する商品性、顧客ニーズだけでなく、マクロな経済情勢や地域性、家族構成など、さまざまな情報を総合的に判断して、商品を必要としている顧客を特定し、提供するという力に長けている。つまり、誰に対して何を売ればよいかをさまざまな情報から判断しているのである。もちろん、営業がうまくいくかどうかは、顧客との相性や、話術などの接客対

応、人間特有の嗅覚のようなものも否定できないが、顧客の絞込みという面では「知見」が活きてくる。

「知見」の導出にあたっては、人間が考えるよりもAIのほうがはるかにたくさんの情報を処理することができ、また、一見関係のない情報にみえるものでも、何らかの関係性を見出す可能性を秘めている。まさにAIの得意分野であり、人間の能力を補完する役割として期待されている。

しかし、大切なのはその「知見」を使ってお客さまの真の課題を解決することであり、これは人間が担うべき役割である。データを「知見」として活用し、顧客の課題を解決する力、これこそが金融機関の役割であり、目指すべき姿ではないだろうか。

30年後の将来、金融機関は存在しているだろうか、また、実現している金融サービスとはどのようなものだろうか。その時にはすでに金融という言葉の定義さえ変わっているかもしれない。もともと、資「金」を「融」通することから金融という言葉がつくられているが、将来は、「信頼」と「知見（Intelligence）」を最大限活用し、顧客の「課題を解決」する総合情報産業として、一大産業を築いているだろうか。

こんな時代だからこそ、金融機関は自分たちの強みを見つめなおし、既存の枠組みにとらわれない新しい発想で、金融業務を再定義してみてはどうか。

# 著者略歴

## 株式会社日本総合研究所　先端技術ラボ

SMBCグループにおいて、先端技術を活用した金融サービスの早期実現のために、リサーチ・技術戦略立案、技術検証・評価およびデータサイエンスの機能を提供。幅広い先端技術のリサーチに加え、技術検証においては、AI（人工知能）、ブロックチェーン、量子コンピュータなどの分野に注力。

### 加藤 研也（システム企画部長）

1998年日本総合研究所入社。セキュリティ、リスク管理、本社企画、ITインフラ企画推進（三井住友フィナンシャルグループ出向）等を経て、開発企画部長、先端技術ラボ部長、DX・技術推進役員補佐等を歴任。現在、SMBCグループ向けシステム開発全般の高度化、効率化に関する企画業務に従事。
本書では第4章を執筆。

### 由井 成和（先端技術ラボ 部付部長／シニアリサーチャー）

1997年日本総合研究所入社。地理情報システムを活用したマーケティング支援、ITインフラや新デバイスの調査・評価、三井住友フィナンシャルグループ出向などを経て、現在、IT分野を中心とした先端技術の動向リサーチ、および、先行研究等の有望技術の業務応用に向けた検証業務に従事。
本書では第4章を執筆。

**北野 健太**（三井住友フィナンシャルグループ IT企画部 兼 三井住友銀行 システム統括部 上席部長代理）

2006年日本総合研究所入社。金融システムの開発、外資系ソフトウェア会社への出向、調査部などでの活動を経て、先端技術ラボ シニアリサーチャー／エキスパートとして、先端技術に関する調査業務に従事。現在、三井住友フィナンシャルグループに出向し、SMBCグループのITインフラ企画に関する業務に従事。
本書では第2章を執筆。

**間瀬 英之**（先端技術ラボ リサーチャー）

2014年日本総合研究所入社。バーゼル規制やFATF対日相互審査など、国際的な金融規制に対するシステム企画の推進、プロジェクト管理、システム開発などを経て、現在、先端技術ラボ リサーチャーとして、先端技術に関する調査業務、および、量子コンピュータ等の業務応用に向けた検証業務に従事。
本書では第2章を執筆。

## Ridgelinez株式会社　Financial Services

「金融×デジタル」領域における長年のリサーチとコンサルティング実績を通じて培った知見に基づき、主に銀行、証券会社、保険会社、カード会社に対してデジタル技術を駆使した新規事業企画やコスト構造改革などの「デジタル・トランスフォーメーション（DX）」支援のほか、異業種の金融サービスへの参入支援などのコンサルティングを実施。

**隈本 正寛**（Financial Services　Principal）

さくら銀行（現三井住友銀）を経て、富士通総研。2020年4月よりRidgelinez。銀行、クレジット業界を中心に、業務改革、経営管理、新規事業企画などのプロジェクトを実施。近年は、金融機関に対するデジタル革新（DX）動向調査、デジタル戦略策定のほか、異業種企業に対するデジタル金融サービス参入支援等に従事。
本書では第1章を執筆。

**松原 義明**（Financial Services　Manager）

富士通総研を経て、2020年4月よりRidgelinez。主にフィンテック、デジタル化に関する最新動向調査、戦略策定、実行計画策定支援を担当。金融機関に向けたデジタル戦略、事業企画等の企画立案プロジェクトを多数手がける。
本書では第1章を執筆。

**石山 大晃**（Financial Services　Consultant）

2013年より金融分野のコンサルティングに従事。主に銀行やクレジットカード会社、情報通信業の顧客に対し、決済分野を中心とした市場機会の提言、新規サービスの立案に携わる。
本書では第3章を執筆。

**魚住 直紀**（Financial Services　Consultant）

2016年より金融分野を対象としたコンサルティングに従
事。主に銀行やベンダーの顧客に対し、金融×テクノロ
ジーを切り口とした最新トレンドの調査や、それを基と
した戦略立案支援を実施。
本書では第3章を執筆。

**佐藤 新**（Financial Services　Associate）

メガバンクにおいて主に中堅企業を対象とした渉外業務
に従事。2018年以降、デジタル戦略立案支援、新規事業
企画コンサルティング、国内外の金融機関やFinTech企
業の戦略調査に携わる。
本書では第3章を執筆。

金融デジタライゼーションのすべて
——DXに臨む金融業界のテクノロジーと実践

2021年1月21日 第1刷発行

編著者　株式会社日本総合研究所
　　　　先端技術ラボ
　　　　Ridgelinez 株式会社
　　　　Financial Services
発行者　加　藤　一　浩

〒160-8520　東京都新宿区南元町19
発　行　所　一般社団法人 金融財政事情研究会
企画・制作・販売　株式会社 き ん ざ い
　　出 版 部　TEL 03(3355)2251　FAX 03(3357)7416
　　販売受付　TEL 03(3358)2891　FAX 03(3358)0037
　　　　　　　URL https://www.kinzai.jp/

DTP・校正：株式会社アイシーエム／印刷：株式会社日本制作センター

ISBN978-4-322-13578-7